# 2021年

# 长沙市电子商务业发展报告

邓子云◎主编

湘潭大学出版社

# 总　序

《长沙市国民经济和社会发展第十四个五年规划和二〇三五年远景目标纲要》强调，要聚焦人民群众对美好生活的向往，以高品质、多样化、便利化为导向，重点发展旅游休闲、文化创意、商贸服务等产业，突破生活性服务业领域物理限制和服务半径，推动生活性服务业扩容提质。产业是经济发展的引擎，直接决定了经济发展的状况。产业链的基础是产业，对接产业办专业是职业教育的关键，了解产业动态，掌握产业现状，研究产业发展趋势，预测产业人才需求，是高职院校专业良性发展的重要条件。国家“双高计划”建设单位长沙商贸旅游职业技术学院是长沙市人民政府主办的全日制高等职业院校，办学60年来，坚持“立足长沙、服务三湘（湘菜、湘商、湘旅）”的办学定位，紧跟长沙市产业布局，积极探索“政行企校”合作办学机制，创新“产教融合、校企合作”途经，推进职业教育高质量发展。每年一度的“二级学院院长说产业、专业主任说专业”教研活动引起了职教界的普遍关注，由学校牵头，联合政府和行业企业编制产业年度报告，开启了服务决策咨询的全新尝试。

为此，2019年我校组织编写并出版了《2019年度长沙市会展业发展报告》和《2019年度湖南省湘菜产业发展报告》两本年度报告，得到了湖南省以及长沙市相关主管部门、餐饮行业和湘菜企业、会展行业和会展企业的好评，成为相关单位制定决策规划和年度计划的智库帮手。在丛书的使用过程中，兄弟省市及同类院校的读者就报告的内容组织、章节设置和呈现形式等方面提出了宝贵的建议和意见，为下一年度报告的编写提供了很好的参考价值。

2021年，受疫情和国际形势的影响，部分产业遭受重创，给经济发展带来了空前的挑战。在此背景下，我校按照长沙市产业发展蓝图，结合专业优势，整合社会资源，组织编写了《2021年长沙市湘菜餐饮业发展报告》《2021年长沙市金融业发展报告》《2021年长沙市会展业发展报告》《2021年长沙市文化和旅游业发展报告》和《2021年长沙市电子商务业发展报告》五本产业发展报告，全面呈现产业数据，记录重要变化和需要反思的时刻，洞察分析、前瞻预判，期待能够为产业振兴提供更有价值的专家观点和趋势预测信息，为长沙市有关部门提供决策咨询依据，为湖南省“三高四新”的建设贡献职教力量。

**编委会主任、校长：刘国华**

# 前　言

职业教育是一种需要与产业紧密结合的教育类型。长沙商贸旅游职业技术学院正在建设湖南省高水平专业群——电子商务专业群，其中，电子商务专业是核心专业。长沙商贸旅游职业技术学院湘商学院在学校统一布局下组织精干力量，收集并汲取大量的行业参考资料，编制成本报告，一方面厘清人才培养的需求和思路，为长沙本土培养电子商务行业人才；另一方面提供社会服务，为长沙市政府电子商务行业管理部门提供决策参考，为电子商务行业人士提供较为全面的参考资料。

2020 年，湖南正处于创新驱动、结构调整、转型升级的关键时期，在“现代化新湖南”的美好愿景下，长沙市全面落实国家“互联网 +”行动计划，促进传统产业融网转型，深化流通领域电商应用，进一步营造良好的电子商务发展环境。2020 年，长沙市电商相关交易额突破万亿元，同比增长约 20%，农产品网络零售额超 50 亿元，同比增长 20%。长沙市已实现跨境 B2C 零售出口、B2C 直购进口业务双向全流程开通。

2021 年，长沙大力实施“三高四新”战略，电子商务业成为打造内陆地区改革开放高地的重要组成部分。从湖南省商务厅公布的数据来看，长沙市场主体总量增速去年稳居中部六省会（长沙、武汉、郑州、合肥、太原、南昌）第一，向优势产业集聚的态势为产业升级和主体增量积蓄了力量。在整体数量上，截至 2020 年底，长沙市实有各类市场主体 120.88 万户，同比增长 14.81%；注册资本（金）47115.91 亿元，增长 20.70%。其中，新设主体 23.2 万户，增长 11.32%，平均每天新设的市场主体有 928 户。从省内来看，长沙主体数量占到全省的 24.73%，是排名第二的衡阳的 3.17 倍。这说明，长沙经济活跃度高，创业的机遇也更多。抓住中部崛起战略机遇，谋求高质量发展，中部六省省会城市在“你追我赶”。与兄弟城市相比，长沙表现不俗，在总量增速方面，在中部六省会中排名第一，达到 14.83%，超过了这两年发展势头强劲的合肥。

本报告以长沙市电子商务业为研究对象，对长沙市电子商务业政策环境、发展现状、发展困境进行研究，系统提出长沙电子商务业发展的对策建议。本报告尽可能准确和完整地反映长沙市电子商务企业的情况，并将具有代表性的电子商务企业的经典案例，通过案例体现企业和行业为社会做出的贡献，为长沙本土培养电子商务行业人才，为更好地提供社会服务，为长沙市政府电子商务行业管理部门提供决策参考，为电子商务行业人士提供较为全面的参考资料。

本书共九章，第一章为“长沙市电子商务业发展的总体状况”，由邓子云、刘冰、黄浩睿、佘偲偲合作编写，主要介绍了全国和湖南省电子商务业发展的总体状况以及长沙市电子商务业2020年度的基本情况；第二章为“长沙市电子商务业的发展趋势”，由唐细语编写，主要介绍了长沙市电子商务业未来的发展趋势；第三章为“长沙市电子商务业的政策法规”，由鲁浪浪编写，主要介绍了国家层面出台的对于促进电子商务产业健康有序快速发展的相关政策及法律法规，并分析长沙市电子商务业的政策法规情况，找出政策实施过程存在的问题，在政策法规方面提出促进电子商务业发展的对策建议；第四章为“长沙市电子商务业的人才培养”，由熊雯编写，主要介绍了长沙市电子商务人才的供需状况，2020年长沙电子商务人才培养的推动措施，2021年长沙市电子商务人才培养发展的重点工作。

第五章为“长沙市跨境电子商务的发展现状、问题及对策”，由朱慧明编写，主要介绍长沙市跨境电子商务的发展现状、问题及对策研究；第六章为“长沙市移动互联网产业的发展现状、问题及对策”，由戴敏编写，主要介绍长沙市移动互联网产业的发展现状、问题及对策研究；第七章为“长沙市农村电商的发展现状、问题及对策”，由丁晓丽编写，主要介绍了长沙市农村电商的发展现状、问题及对策；第八章为“长沙市电子商务企业案例”，唐细语、刘冰、熊雯、鲁浪浪、黄浩睿、赵劼、佘偲偲、王灵芝、谢奇洁、丁晓丽、朱慧明每人负责编写并征集了一个电子商务企业案例，最后我们选择了10家电子商务企业作案例分析，以从个例的角度了解长沙市电子商务企业的具体做法。第九章为“长沙市电子商务专业案例”，分别从“长沙市电子商务专业群年度发展报告案例”和“长沙市电子商务专业群发展思路案例”两个方面阐述，以长沙商贸旅游职业技术学院为例。长沙商贸旅游职业技术学院湘商学院对接长沙市电子商务专业群，每年坚持整理电子商务专业群年度发展报告，并提出了其发展建设思路。

鉴于编者的水平有限，且第一次尝试编写长沙市电子商务业发展报告，自感笔拙，敬请读者不吝赐教，如有不妥，万望海涵。书中引用了大量同行的研究文献及数据，我们尽可能地进行标注，如有疏漏敬请原谅，在此对同行们的辛勤劳动一并表示感谢。我们项目组一定会继续努力改进，争取在下一年度的报告中做得更好。感谢所在单位长沙商贸旅游职业技术学院的大力支持，给予了我们项目组报告编写与锻炼的机会。

**《2021 年长沙市电子商务业发展报告》编委会**

**2021 年 11 月**

# 目　录

# 第一章
# 长沙市电子商务业发展的总体状况

随着信息技术的快速发展，我国电子商务在信息技术环境下迅速成长起来，电子商务的内容越来越丰富、功能越来越完善，同时，国家给予电子商务业发展的政策支持，更是促进了我国以及各省电子商务业的迅猛发展。为了了解长沙市电子商务业的总体状况，应先了解全国及湖南省的总体状况，再详细分析长沙市的具体状况，因此掌握全国网络零售市场发展情况和湖南省网络零售市场发展情况对于分析长沙市电子商务业发展情况有着重要的意义。

## 一、全国和湖南电子商务业的总体状况

### （一）我国电子商务业规模成为世界之最

根据麦肯锡报告，中国已经成为世界上最大的电子商务市场。电子商务业不仅给人民生活带来了更多便利，同时电子商务业也正进一步向智能制造和高端服务领域延伸，与产业链建立数字化链接，助推新一轮的产业升级。国家统计局数据显示，2016—2020 年，全国电子商务交易额从 26.10 万亿元增长到 37.21 万亿元，年均增长率为 9.3%，全国网上零售额达 11.76 万亿元，中国网购用户规模已达 7.82 亿人，连续多年保持全球规模最大、最具活力的网络零售市场地位。国家统计局数据显示，2012—2020 年全国电子商务交易总额如图 1 所示。当前，我国电子商务业正在从高速增长迈向高质量发展阶段，新技术应用日益深入，新兴资源要素重要性逐渐凸显，新模式新业态层出不穷，并已成为经济增长的新亮点。

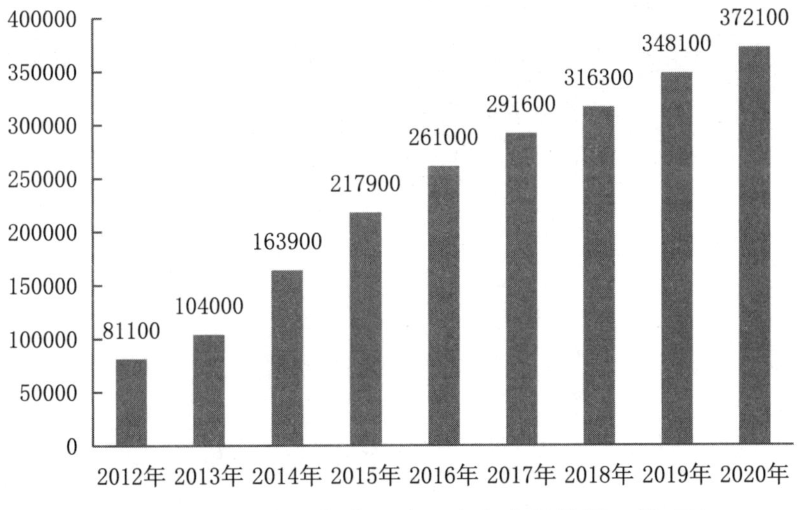


图 1　2012—2020 年全国电子商务交易总额　（亿元）

### （二）湖南电子商务业增长速度明显较快

2011—2020 年湖南省电子商务交易额和网络零售额保持了高速增长势头，具体如图 2 所示。

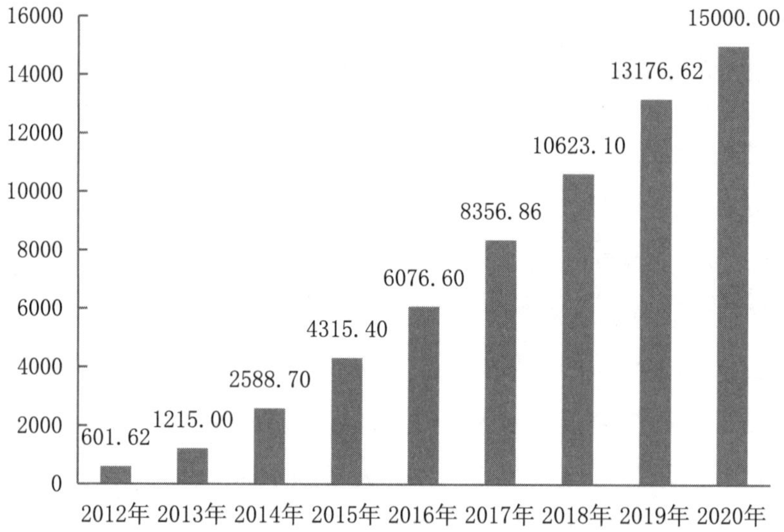


图 2　2012—2020 年湖南省电子商务交易总额　（亿元）

表 1　2012—2020 年全国和湖南省电子商务交易总额及同比增长情况一览表

| | 全国电子商务交易总额（亿元） | 湖南省电子商务交易总额（亿元） | 湖南省电子商务总额在全国占比 | 全国同比增长 | 湖南省同比增长 |
|---|---|---|---|---|---|
| 2012 年 | 81100 | 601.62 | 0.74% | —— | —— |
| 2013 年 | 104000 | 1215.00 | 1.17% | 28.24% | 101.95% |
| 2014 年 | 163900 | 2588.70 | 1.58% | 57.60% | 113.06% |
| 2015 年 | 217900 | 4315.40 | 1.98% | 32.95% | 66.70% |
| 2016 年 | 261000 | 6076.60 | 2.33% | 19.78% | 40.81% |
| 2017 年 | 291600 | 8356.86 | 2.87% | 11.72% | 37.53% |
| 2018 年 | 316300 | 10623.10 | 3.36% | 8.47% | 27.12% |
| 2019 年 | 348100 | 13176.62 | 3.79% | 10.05% | 24.04% |
| 2020 年 | 372100 | 15000.00 | 4.03% | 6.89% | 13.84% |

从表1数据来看，以往年份湖南电子商务整体发展水平不高，与发达省份相比，湖南省存在一定差距，但是从2013年以来，湖南省电子商务交易总额在全国电子交易总额占比从2012年的0.74%增长到2019年的3.79%，湖南省同比增长速度远超于全国平均增长速度。

2020年1月至8月，湖南省网上零售额同比增长21.80%，其中实物商品网上零售额增长20.10%，分别比全国平均水平高2.1个和4.2个百分点。从2012—2020年的数据对比分析可见，2012年以来湖南电子商务呈现快速发展的态势。

### （三）湖南电子商务业在长株潭高度集中

在湖南省电子商务快速发展的态势中，长株潭（长沙市、株洲市、湘潭市）地区电子商务交易额占全省居绝对领先地位。长株潭地区电子商务交易额占全省比重有所下降，但总量仍占到全省的七成以上。2018—2019年湖南省“电商百强”，长株潭地区有56个；全国首批60家电子商务企业，湖南省获评的3家企业均来自长沙市。张家界市、湘西自治州网络零售额同比增速超过100%，明显高于全省平均增速，呈现出追赶式发展的态势。2020年，长株潭地区电子商务交易额占全省电子商务交易的73%左右，湖南省各市州电子商务交易额、网络零售额、B2B交易额及占比情况如下图3和表2所示。

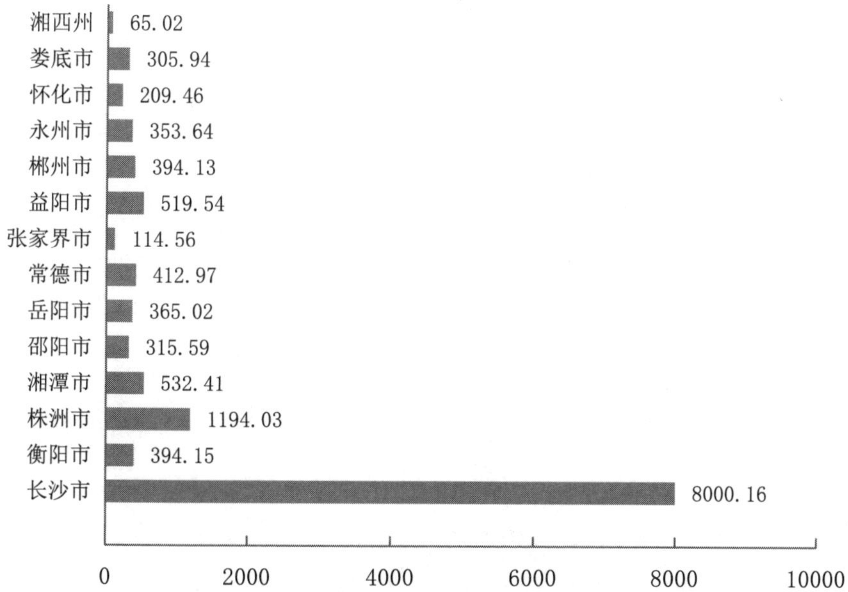


图3　2019年湖南省各市州电子商务交易额　（亿元）

表 2 湖南省各市州电子商务交易额、网络零售额、B2B 交易额及占比情况

| 市州 | 电子商务交易额（亿元） | 网络零售额（亿元） | B2B 交易额（亿元） | 各市州电子商务交易额占全省比重（%） |
|---|---|---|---|---|
| 长沙市 | 8000.16 | 1632.62 | 6367.54 | 60.71 |
| 衡阳市 | 394.15 | 103.34 | 290.80 | 2.99 |
| 株洲市 | 1194.03 | 161.17 | 1032.87 | 9.06 |
| 湘潭市 | 532.41 | 64.54 | 467.87 | 4.04 |
| 邵阳市 | 315.59 | 65.41 | 250.18 | 2.40 |
| 岳阳市 | 365.02 | 83.89 | 281.13 | 2.77 |
| 常德市 | 412.97 | 73.12 | 339.86 | 3.13 |
| 张家界市 | 114.56 | 56.39 | 58.17 | 0.87 |
| 益阳市 | 519.54 | 75.44 | 444.10 | 3.94 |
| 郴州市 | 394.13 | 86.39 | 307.73 | 2.99 |
| 永州市 | 353.64 | 64.01 | 289.63 | 2.68 |
| 怀化市 | 209.46 | 31.28 | 178.19 | 1.59 |
| 娄底市 | 305.94 | 80.89 | 225.05 | 2.32 |
| 湘西州 | 65.02 | 19.58 | 45.44 | 0.49 |

## 二、长沙市电子商务业 2020 年度基本情况

长沙市电子商务业的发展近年来屡上台阶。2013 年以来，长沙市电子商务业发展迅速，2013 年长沙重点电子商务企业相关交易总额达 520 亿元。2014 年，长沙入选国家电子商务示范城市。2015 年，长沙电子商务交易额达到 3300 亿元，同比增长 30%。2019 年，长沙市电子商务交易额达 8000 亿元，同比增长 25%，稳

居全省首位。2020年，长沙市电商相关交易额突破万亿元，同比增长约20%；农产品网络零售额超50亿元，同比增长20%。经分析，长沙市电子商务业的基本情况可概括为以下五个要点。

### （一）网络零售增速迅猛且明显由五大品类占主体

长沙网络零售增长较快。从长沙的几大行政区域来看，网络零售额总量排名前三名的分别为雨花区、岳麓区和芙蓉区；而同比增速排名前三的分别为望城区、雨花区和芙蓉区。网络零售额排名前五的行业品类分别是日用品、粮油和食品、服装鞋帽和针纺织品、化妆品、家用电器和音像器材，这五大品类的合计占比超过了75%。值得一提的是，有一些新兴网销行业虽然占比不高，但增速迅猛，如机电产品及设备，同比增长了142%，增速位居各品类第一；化工材料及制品、饮料、通信器材、家具等品类的增速也都超过了50%。

### （二）区县电商交易额的增长奠定长沙电商业的发展基础

2020年前三季度，芙蓉区电商交易额330.58亿元，同比增长111.2%，占全市电子商务交易额的10.5%；开福区电商交易额81.23亿元，同比增长289.6%，占全市电子商务交易额的2.6%；望城区电商交易额332.44亿元，同比增长90.6%，占全市电子商务交易额的10.6%；高新区电商交易额2093.79亿元，同比增长38.6%，占全市电子商务交易额的66.7%。长沙县电商交易额6.30亿元，占全市电子商务交易额的0.2%。各区县电商交易额高速发展，奠定了全市电商交易额高速增长的基础。

### （三）规模电商中的龙头企业引领发展并进入全国前列

全市电子商务线上规模企业累计达到87家；省级及以上示范企业累计达到72家；电子商务认定企业累计达到344家；在天猫商城、京东商城、淘宝网、苏宁易购、拼多多等知名第三方平台开设店铺总数超过20万家。

长沙的电商龙头企业在全国的影响力也进一步提升，社区电商、直播电商均在全国展现“头雁”效应，御家汇、安克创新、兴盛优选、快乐购分别在美妆电商、跨境出口、社区电商、媒体电商等细分领域领跑全国。御家汇、安克创新、兴盛优选 3 家企业入选全国首批线上线下融合发展数字商务企业，数量居中西部第一、全国前列。

### （四）跨境电商的发展形成“一核多极多园区”新格局

2019 年长沙实现跨境电商交易额 12.8 亿美元，同比增长超 200%，同比增速位居全国前列。新认定跨境电商试点企业 134 家，累计达 263 家，亚马逊平台销售长沙货物的卖家数突破 3000 家。2020 年，随着长沙、岳阳、郴州、湘潭四个跨境电商综试区的获批，特别是长沙跨境电商综试区政策红利的不断释放，吸引了越来越多的企业开展跨境电商出口业务，省内逐步形成以长沙为核心、相关市州为新增长极的“一核多极多园区”的跨境电商发展新格局。以中国（长沙）跨境电商综试区建设为核心，形成了长沙高新区、黄花综保区、金霞保税物流中心等三个重点园区。2020 年长沙跨境电商逆势增长，全年跨境电商进出口额突破 170 亿元，增幅达 90%。跨境电商、市场采购贸易等外贸新动能不断涌现。2020 年高桥大市场的采购贸易试点，实现出口 69.4 亿元，增长 54.5%。跨境电商有望成为后疫情时代外贸创新发展的新亮点和外贸增长的新引擎。

### （五）跨境电商建立多个人才基地并实现评价标准化

为了更好地支持长沙跨境电商业的发展，在 2020 年长沙已认定 5 个跨境电商人才孵化基地。其中：2020 年新认定的 3 个基地均为湖南省本科一批招生高校，在专业建设、师资力量、硬件建设以及品牌影响等方面都具备良好的基础和资源；2019 年认定的两个基地相关建设均有序推进，顺利通过了第一年项目验收，合计输入跨境电商人才超过 1000 人。

2020 年，长沙发布跨境电商专业人才评价规范，该规范为全国首个跨境电商专业人才评价规范，将有效弥补专业人才培训无课程标准、等级评价无衡量标准的空白，让专业人才培训与评价走上规范化、标准化的道路。将由长沙市人社局牵头，长沙市商务局配合，努力推进它的实施和落地，尽快打造成长沙自贸片区在全国可复制可推广的典型案例。

# 第二章
# 长沙市电子商务业的发展趋势

结合长沙市电子商务业的发展现状，经研究分析，未来五年长沙市的电子商务业将呈现出三大趋势：新一代信息技术呈现广泛应用的趋势、资源整合将呈现抱团发展的趋势、部分业态及人才需求呈现加速更快的趋势。

## 一、新一代信息技术呈现广泛应用的趋势

### （一）电子商务业将向智能化发展

电子商务智能化包括决策的智能化、订单管理的智能化、交易管理的智能化、客户管理的智能化和物流配送管理的智能化。长沙市政府鼓励大、中、小企业参与电子商务平台智能化改造升级建设，提升区域品牌影响力和服务能力，促进电子商务企业转型升级，鼓励支持企业建设垂直产业电商平台和新型App应用，对小微企业或乡镇企业投资建设的电子商务平台和电商智能化升级改造，按照上线运行后年度网络销售额的多少，给予一定的补贴。截至2020年底，友阿云商、步步高电商、通程电商等电商务平台都完成了智能化升级改造。

### （二）电子商务业将向在线数字化发展

2020年受新冠肺炎疫情的影响，线上交易快速增长，大数据、云计算、人工智能、虚拟现实等数字化技术呈逆增长，为电子商务尤其是新零售发展，如直播带货等创造了丰富的应用场景，为创新电子商务产业发展创造了有利条件。长沙市电子商务在新技术应用催生下，不断创新营销模式。友阿股份、通程实业等传统零售企业以互联网为依托，通过运用人工智能、大数据处理等先进信息技术手段，对商品的生产制造、流通加工与销售管理过程进行改造升级，进而重塑业态结构与生态圈，整合线上、线下资源，开发多渠营销模式，对线上服务、线下体验以及物流配送进行深度融合，从零售体验店、无人便利店、智能门店、互联网门店、社交电子商务等方面积极搭建数字化电子商务新业态，推动长沙市电子商务向智能化、多场景化方向发展。2020年，步步高全年净利润1.12亿元，营业收入156.38亿元，但最显著的还是步步高的数字化转型成果。截至2020年年底，步步高数字化会员增长至2470万个。2020年纯新客户736万个，动销率达78%，其中超市动销数字化会员同比增长19.7%，数字化会员销售额增长16.7%。

### （三）电子商务业的服务向定制化发展

大数据智能时代为定制化服务提供了有利条件。依据客户画像，将把消费者

个人的偏好参与到商品的设计和制作过程中去，甚至可以让消费者直接参与产品的设计，为客户量身打造特定的服务。长沙市个性化服务较好的电商企业有盘子女人坊、御泥坊、兴盛优选、中科天际等，为消费者提供个性化的定制服务。盘子女人坊为客户提供量身定制的个性化设计；御泥坊承袭大唐御方精妙，针对东方女性的肤质特点，从《千金方》《外台秘要》等传世医典中汲取精髓，甄选良材。中科天基是一家专业的长沙企业网站建设公司，为企业设计网站时能够针对企业各种用户需求特征，进行个性化设计，满足客户的浏览习惯和消费变化需求，客户会通常会对网站的个性化推送和及时性留下深刻的印象。

## 二、资源整合将呈现抱团发展的趋势

### （一）电子商务业的产业链向横向化发展

电商业务从集中于网上交易典型货物及服务，不断向各行业生产运营所需要的原材料采购、生产加工、成本控制、信息处理、客户管理、企业合作联盟等各个环节领域扩展和延伸，实现资源共享，有效控制成本。在企业内部，电商元素将渗透到企业管理、内部业务流程的各个环节；在企业外部产业群领域，电商的发展务必要激活和带动一系列上下游产业在资金结算、产品包装、宣传推广、物流配送、代销代购、中介服务等领域的发展，引导和促进周边相关产业的创新与升级，而这些创新反过来又将促使电商模式的不断升级拓展。

如，步步高“云猴”整个大平台由线下大便利平台、线上大电商平台、大物流平台、大会员平台、大支付平台5个相对独立的平台组成。在这5个子平台中，交易平台将上线移动端的App应用，在物流和交付环节，步步高把物流和便利店形成整合之势：利用B2B的物流体系、公交化的配送体系，再结合利用旗下的大卖场、城市分仓、班车制把商品送往各个社区的便利店；通过云猴的5个子平台，步步高可以实现由收集信息交易、订单处理、物流配送、产品交付到顾客忠诚度管理的完美闭环。长沙市政府通过销售补贴、奖励等一系列措施，鼓励各区域规划建设一批优质典型、可示范、可复制、可持续发展的电子商务园区、电子商务产业村镇等基地，充分发挥电商领头企业或领军企业的影响力，进行企业外部相关电商业务的拓展，从而整合资源、发挥优势，促进产品设计、生产加工、销售服务、物流配送各领域的协同发展。

### （二）电子商务业的竞争与合作导致向专业化发展

专业化发展主要表现在品牌化战略和专业团队建设上。长沙市面向消费者的电子商务企业目前主要有垂直型和专业化电商平台两类。面向各行业或企业的是专业化电商平台，发展前景较好的是电子商务赋能传统行业转型发展的产业或企业。比如，友阿云商、步步高电商、兴盛优选等专业化零售企业的转型发展。

近年来，在长沙市委、市政府大力支持下，长沙市呈现出社交电商、内容电商、直播带货等电商新业态发展迅速，由此形成多元化消费线上场景，以满足更多层次、更多类型消费者差异化需求。在长沙，移动端网络零售额占比将进一步提升，大数据应用将更加普遍化、智能化。社区电商的发展将激活传统社区店铺走向专业化找到自己的商业模式，再在资本助力下实现快速复制推广，推动各社区电商企业规模扩张和专业化发展。通过合作共赢、优胜劣汰，社区电商将形成一定的梯队，少数社区电商企业将在下一轮竞争中扩大优势，逐步在社区电商企业群中发挥领头作用。

### （三）电子商务业的触角向乡村广泛延伸

近年来，互联网技术的快速发展和智能手机在县域农村的普及，社交拼购、直播电商等电商新模式也在农村蓬勃发展起来，各类电商平台雨后春笋般出现，进一步激活了县域农村电商消费市场，电子商务在长沙各县域农村发展很快。

随着长沙市电商扶贫的深入推进，政策支持和资源倾斜推动农村地区基础设施条件进一步完善，为农村电商发展创造了有利条件；无公害农产品、绿色食品、有机农产品和农产品地理标志的“三品一标”建设进一步加强，以满足消费者对健康无公害农产品的需求，从而推动农产品网络零售额增长，带动农村地区种养殖业规模扩大、电商物流产业发展和农民创业就业。

长沙市开展了针对贫困户的帮扶服务活动，免费提供电商业务辅导服务，并进行网销自产农产品，解决部分贫困户就业和农副产品的销售问题；对开设网店的贫困户优先安排其入驻当地电商创业园或产业园，并给予租金优惠；通过培训引导、政策及资金支持、技术指导等各种帮扶措施惠及更多的贫困人口，这使得电商脱贫与农村电商发展同步进行。

## 三、部分业态及人才需求呈现加速更快的趋势

### （一）跨境电商业态发展呈持续加速趋势

长沙市出台了《长沙市跨境电子商务产业扶持资金管理暂行办法》和一系列跨境电商支持政策，在市场驱动和政府支持下，长沙市跨境电商新业态继续保持快速发展，推动跨境电商发展步入“快车道”。长沙片区联合邮政、海关、口岸部门探索国际邮件、国际快件和跨境电商业务集约式发展新模式，同一运营主体，在同一场地内实现了国际邮件、国际快件和跨境电商三种业务 24 个小时全天候、一站式通关。搭建国际物流通道、引进培育跨境电商人才，传统企业孵化跨境电商业务、跨境电商大平台支持传统企业走向国际等情形将进一步优化跨境电商的发展环境，促进跨境电商进出口额实现规模发展。

2020 年，湖南全省一般贸易进出口 3589.90 亿元，增长 12.80%，占同期进出口总额超七成。据长沙海关统计，2020 年 11 月 1 日至 11 日，长沙黄花综合保税区跨境电商进口保税备货（1210）模式向境内派送出区商品 21.20 万单，货值 4140.80 万元人民币，相比去年同期分别增长 332%、151%。长沙黄花跨境电商监管中心共验放直购出口（9610）跨境电商清单 284.08 万票，货值 6680.56 万美元，单量同比增长 893.63%，货值同比增长 3371.50%。

### （二）企业向 020 转型将成为电商行业的新业态

在电商流量见顶的大背景下，企业及企业之间的线上、线下融合开始加速，线上与实体的融合向着贴近消费者、提升运营效率的方向发展。一方面，原本专注于线上销售的电商平台开始注重与线下实体店的融合，其中尤其以生鲜领域的发展最为瞩目。以长沙沃尔玛为例，以生鲜百货新零售的代表迎来了多家门店的关闭，步步高对门店进行整合调整，并且不约而同地受到了盈利难题的制约。这两家新零售代表正在不断探索新的发展模式，以图寻求突破。另一方面，一直坚守线下的企业也开始加大布局线上。一直坚守线下门店的星巴克，在受到瑞辛咖啡的冲击性竞争后，不但迅速推出了外卖服务，而且专门打造了“线上点单、到

店自取”的“啡快”门店，如此迅速地转变为星巴克带来了业绩上的起色。

湖南兴盛优选电子商务有限公司是一家互联网新零售平台。这家公司依托社区实体便利店，整合各方资源，通过“预售 + 自提”的模式为用户提供服务。这家企业的经验表明，电商企业需要通过多种独创的信息处理技术，对电商行业市场海量的数据进行采集、整理、加工、分析、传递，为客户提供一揽子信息解决方案和咨询服务，最大限度地降低客户投资风险与经营成本，把握投资机遇，提高企业竞争力。

### （三）电子商务人才需求呈全面化趋势

人才是各行各业发展最活跃、最核心、最关键的因素，随着全球经济一体化和经济信息全球化的发展趋势，电子商务方面的人才需求量日益增大。随着“互联网 +”战略的深入推进，由于长沙电子商务专业化、国际化、跨界等发展趋势，电商企业对电商人才需求提出了更高的要求，不仅要具备较高的职业素养，还要具备较强的专业实践能力。电商企业普遍对电商专业人才责任心、专业知识技能、学习能力、创新能力、工作执行力和团队协作能力提出了要求。

电商企业还普遍对电商专业人才的学习能力和工作执行力提出了较高要求。这也反映出在当前激烈的市场竞争环境中，电商企业对电子商务人才素质能力的要求已经不仅仅是具备一定的专业知识技能，而是能为企业的发展发挥出一定作用。所以，我们要通过产教融合、工学结合，在实践中培养职业综合素养、实践能力、执行能力、团队协作和持续学习能力，能够帮助学生做好职业规划，力争做到个人成长与企业发展同步。

综上，长沙市电子商务的发展取得了明显的成效，但也面临许多挑战与压力。随着信息技术的发展，国家信息化管理的加强，企业信息化水平的提高，长沙市作为湖南的省会城市，将秉承“敢为人先”的湖湘文化精神，以经世致用的务实风格、兼容并蓄的开放心态和实事求是的诚信作风，推动电子商务的发展，实现长沙市电子商务产业可持续化发展。同时，广大电商企业顾全大局，全力以赴，发挥电商在抗疫中快速响应和匹配市场需求的优势，在市场保供、疫情防控、复产复工、促进消费、稳定就业等方面作出了突出贡献，为经济增长注入强劲动力。

# 第三章
# 长沙市电子商务业的政策法规

为了促进电子商务产业健康有序快速发展，国家发展改革委、商务部纷纷出台了相关政策法律法规，积极配合电子商务立法工作，同时也调动了地方政府积极参与电子商务立法工作，推进了电子商务业的发展。本章在电子商务业政策法规的基础上，分析长沙市电子商务业的政策法规情况，并找出存在的主要问题，在政策法规方面提出促进电子商务业发展的对策与建议。

## 一、国家层面电子商务业政策法规

### （一）电子商务法

《中华人民共和国电子商务法》（以下简称《电子商务法》）中的主体内容是电子商务业发展的基本依据。我国《电子商务法》2019 年 1 月 1 日正式施行，这是一部电子商务领域全国统一适用的法律，直接规范电商平台的经营者、平台内经营者与消费者的权利义务分配关系。

在该部法律中，一是明确了电商平台经营者的责任。《电子商务法》的颁布，明确了电子商务平台经营者的法律地位，即他们既是网络经营场所的提供者，也是平台内经营者的资质审核者和消费者合法权益的保护者。这一规定，除较之前法律规定有的电商平台经营者与各方签订的合同责任之外，又增加了普遍适用责任，比如在电商助农中，企业方在自建的网站上，对农产品的提供者的资质和产品质量负有审查义务，这对打击电子商务网络平台主体之间的不法商家，减少电子商务主体间的侵权纠纷，维护广大消费者的合法权益有着重要意义。

二是保障了消费者的合法权益。虽然在这部《电子商务法》出台之前，我国《消费者权益保护法》就已经有关于电子商务市场中消费者权益保护的内容，但这些内容不够具体，且不具有针对性。电子商务市场交易没有面对面的交流，双方通过电子平台中提供信息进行交易，存在着风险和误差。很多网络消费者在交易完成后，才发现受到了欺骗。因此，专门针对电子商务市场中存在的这些问题，《电子商务法》通过相关条文如“对关系消费者生命健康的商品或者服务，电子商务平台经营者对平台内经营者的资质资格未尽到审核义务，或者对消费者未尽到安全保障义务，造成消费者损害的，依法承担相应责任”，明确了电商平台经营者及平台内经运营者的民事义务和责任，以保障消费者的合法权益不受侵害。如在电商助农的销售模式中，电商企业需要与村民签署相应的内部协议，这是减少损失、享有追偿权的一种防范方法。

### （二）第三方电子商务交易平台服务规范

《第三方电子商务交易平台服务规范》中的法规规定是电子商务平台主体利益

的主要保障。第三方电子商务交易平台在电子商务服务业发展中具有举足轻重的作用。第三方电子商务交易平台不仅是买卖双方的网上沟通与交易的渠道，能大幅度降低交易成本，也开辟了电子商务服务业的一个新的领域。加强第三方电子商务交易平台的服务规范，对于维护电子商务交易秩序，促进电子商务健康快速发展，具有非常重要的作用。商务部于2011年4月12日出台了《第三方电子商务交易平台服务规范》。该行政法规通过对在中华人民共和国境内从事第三方电子商务交易平台服务和经营活动的行为进行规范，规范第三方电子商务交易平台的经营活动，做到兼顾电子商务企业和消费者的利益平衡，营造公平、诚信的电子商务交易环境，保障交易安全，促进电子商务的健康发展。

## 二、长沙市电子商务业政策法规

长沙市已有相关政策性文件是促进电子商务业发展的有效动力。近年来，长沙市在打造跨境电商第三城、区域性电子商务中心的过程中，积极完善相关政策文件。

### （一）长沙市支持电子商务产业发展若干措施

出台《长沙市支持电子商务产业发展若干措施》的目的是深化长沙市供给侧改革，推进乡村振兴战略实施，充分发挥电子商务在调结构、转方式、扩内需、促发展的积极作用，加快推动产业结构调整优化、经济转型升级，全面提升电子商务产业质量。

### （二）长沙市跨境电商综试区有关政策

《中国（长沙）跨境电子商务综合试验区建设实施方案》（湘政发〔2018〕26号）和《中国（长沙）跨境电子商务综合试验区建设推进方案（2019—2021年）》，是主要是针对电子商务实验区项目建设的实施方案。《长沙市跨境电商人才孵化基地试点单位认定条件及认定流程》对长沙市跨境电商人才孵化基地试点单位认定条件及认定流程作出了规定，根据《中国（长沙）跨境电子商务综合试验区建设实施方案》（湘政发〔2018〕26号）、《中国（长沙）跨境电子商务综合试验区建设推进方案（2019—2021 年）》要求，结合长沙市的具体实际，选择符合条件的高校设定跨境电子商务人才孵化基地试点单位，以突破跨境电子商务发展所需的人才瓶颈，从而构建跨境电商专业化、社会化、国际化的人才培养体系。

### （三）其他政策文件

除前述政策文件，再加上长沙市政府办公厅《关于促进电子商务产业发展有关事项的通知》（长政办发〔2013〕36 号）以及《电子商务平台内经营者身份信息的报送系统要求》等政策文件，这些形成了长沙市电子商务发展的系列政策文件。

## 三、长沙市电子商务业政策实施过程中遇到的问题

### （一）与《电子商务法》相适应的地方性政策或部门规章未及时出台

一是缺乏地方性政策和规章制度规范电子商务业务实施过程。针对电子商务业中存在的登记主体不明确、竞争行为不正当、个人代购缺少监管，网络消费中存在取证难、索赔难的问题，与消费者的弱势地位需在网络消费中有所强化保护，而长沙市没有出台相关地方性政策和地方规章制度弥补电子商务业务在实施中的问题。

二是缺乏对接《电子商务法》的可操作性规定。《电子商务法》对电子商务经营者、电子商务平台等多个主体的责任进行了规定，但由于电子商务活动具有涉及面广、变化快等特点，需要在实践中结合长沙市的市情细化相关规定，让电子商务法律通过政策规定予以具体化、明确化、具可操作性。建议长沙市有关部门根据电子商务发展需要和消费者需求的变化，出台相应的配套法规规章或司法解释，细化相关规定，督促电子商务经营者及电子商务平台落实责任，充分保障网络消费者的合法权益。

三是电子商务消费者的维权体系需健全。对于电子商务平台责任落实不到位及电子商务供给链涉及的主体规则问题，影响消费者的良好网络消费体验，需大力落实平台责任，抓紧建立健全信用评价制度和争议在线解决机制，对平台内经营者及平台相关供应商的经营行为进行严格管理，以提升消费者的消费体验和满意度。

### （二）电子商务业发展的政策制度在核心领域未适时更新

一是需要针对跨境电商领域进行具体规制。当前长沙市消费者跨境网购购物行为日趋成熟，随着跨境网购消费者的日益成熟和消费观念不断升级，消费者的需求也凸显出进一步细分的特点，这不仅体现在对电子商务产品品类的需求，也体现在促使消费者选择海淘的动机更加明确，这对各大海淘平台的营销提出更大的挑战，同时也暴露出更多权益纠纷。

二是移动电子商务尚需规范。移动端的消费与电脑端消费具有本质的不同，如何满足移动电商的场景化和社交化的特质，对移动社交平台应当履行的责任义务、各种损害消费者权益行为、移动电商监管的平台与队伍、社会共治监管体系建设进行特别的规范。

三是农村电商平台各自为阵。根据在长沙县电子商务中心的调研，长沙县农村电商平台各自为阵，无法形成规模优势、同质化、抄袭严重、品牌竞争力弱、技术支撑能力弱，以及电子商务专业人才和资金匮乏，如何为农村电商的快速发展排忧解难，关键在于构建乡村、政府、电子商务企业协同发力一体化的体制与制度机制。

因此，针对长沙市跨境电子商务、移动电子商务、农村电子商务这些电子商务发展的前沿领域政策制度未及时更新配套的情况，迫切需要借鉴国内外、省内外在这些方面的做法，进一步完善电子商务政策和制度体系。

## 四、完善长沙市电子商务业发展政策法规的建议

长沙的电子商务已经有十多年的发展历程，开始渗透到传统领域，并出现了一些现实的法律问题，为电子商务立法提供了政策和法规出台的需求。全国各地在电子商务领域通过地方性法规和地方政府规章对电子商务发展的相关领域进行了规制。如《杭州市跨境电子商务促进条例》《汕头经济特区电子商务促进办法》《上海市促进电子商务发展规定》，这些地方政策法规起到了弥补《电子商务法》在立法和司法适用中的不足；这些地方政策法规中关于电子商务的管理体制、发展规划、平台服务和体系建设、建设措施、环境营造和制度支持等方面规定的内容值得借鉴。长沙市借鉴这些政策法规可以完善长沙市电子商务产业发展的保障

措施，规范电商平台的经营者、平台内经营者与消费者的权利义务分配关系。

### （一）建议出台《长沙市促进电子商务发展办法》

一是扩大电商平台登记主体的范围。根据实践中衍生出的诸多问题，消费者的权益保护不应仅仅限制在普通电商平台概念上，对于通过微信公众号、抖音直播间等平台购买产品的消费者的合法权益也应得到充分保护。如在大学生三下乡实践活动中，学生们就是在微信视频号平台上帮助长沙县农民推销农产品，但是线下农产品的质量和安全问题也是一个需要规范的环节。因此，应该将在这类社交平台进行网络交易的经营者，也纳入长沙市市场登记主体的范围。具体地，对于想要在社交媒体进行公开买卖交易的经营者，应先向各类社交平台进行报备，待平台审核通过后，再行向市场监督部门登记备案。

二是完善对不当竞争行为的规制。既要适用《电子商务法》在假货和保护隐私等方面作出的明确规定，又要增加像刷单、职业差评等活动的明确处罚措施。因此，需要明确对电子商务的不正当竞争行为进行规制，保障长沙市目前的电商网络交易，营造合法有序的电子商务环境。

三是增加针对海外个人代购行为的内容。创设违法代购举报奖励机制和查处机制，增加对个人代购的查处力度，以更好地保障消费者的合法权益，营造电子商务市场安全与健康发展的国内外环境。

四是完善电子商务发展的政策体系。建议主要针对跨境电子商务、移动电子商务、农村电子商务这些电子商务核心领域进行相应的政策规定。《电子商务法》开创了我国电子商务立法的先河，对世界范围内的电子商务立法具有示范意义，电子商务法在促进跨境电子商务、移动电子商务、农村电子商务发展方面做了宏观的、宣示性的规定，但对跨境电商管理尤其是进出境管理方面缺乏基本规定和具体规定，不具备实践操作指导性，对规范跨境电商、移动电子商务、农村电子商务发展的作用有限，实践中突出的问题依然非常多，建议有关部门尽快启动针对跨境电商进出境监督管理、移动电子商务、农村电子商务发展的相关政策制度的出台工作。

## （二）出台《加快跨境电子商务发展的若干政策措施》

一是明确跨境电子商务企业的类型，针对自建跨境电子商务销售平台的电子商务出口企业、利用第三方跨境电子商务平台开展电子商务出口的企业、为电商应用企业提供交易服务、物流仓储、报关、检验检疫、退税等专项服务或综合服务的跨境电子商务第三方平台或服务企业。

二是出台规定具体行为相对应的补贴措施。借助这些措施，以实现“互联网 + 外贸”优进优出，鼓励建设跨境电商综合服务平台。建议按跨境电子商务企业实际设备投资总额的比例给予一次性补贴；鼓励传统企业开展跨境电商零售业务，按照其年跨境零售业务额给予相应的奖励；支持跨境电商企业线上推广，对跨境电子商务平台开展进出口业务的企业按其每年线上推广费用相应给予补贴；支持跨境电商仓储物流体系建设，鼓励物流企业在保税监管场所或跨境贸易电子商务园区等区域内设立跨境电子商务仓储物流中心，为跨境电商企业提供仓储、分拣、加工和物流配送等服务，按照年配送量给予相应补贴；支持有实力的企业抱团合作在境外通过租用或自建的方式建设公共海外仓储设施和服务网点，按其验收手续完备、全面投入运行且仓储面积、年租金或建设总投资的比例给予补贴；支持第三方支付平台企业入驻，对从事互联网支付、移动支付等业务达到一定年限、日均资金流量超过一定金额的，给予相应补贴；支持建设跨境电商聚集区，加大跨境电子商务企业融资支持补贴；实施跨境电子商务示范工程，对获奖单位设定相关奖励；加大跨境电子商务企业融资支持，从跨境电商企业申请银行、投资担保公司、小额贷款公司等金融机构融资对每家企业贴息额度予以支持；支持跨境电商创新工程，专项资金用于跨境电子商务人才培训工程，引进跨境电子商务高端人才，加大对相关培训机构的扶持，奖励有突出贡献的跨境电商创业人才等。

## （三）制定《加强移动电子商务发展的措施》

一是制定轻便高效的安全协议。移动电子商务在安全性方面要明显低于传统的电子商务模式用户信息安全始终是一个最大的问题，应着重电子支付系统、商品配送系统等安全问题，通过加强技术监督与管理，使用公开密钥加密技术、私密密钥加密技术、数字签名技术等，保护用户信息不被侵害。

二是引导企业积极改进移动终端设备。要求企业要对现有移动终并有改进设计，以多开发功能多样的移动设备，保证电子商务活动可以采用易操作的 WAP 无线设备，更便于提供移云小电子商务的相关服务。

三是加强诚信机制规范。强化对主体资格的身份认证管理，采取电子商务交易实名制的方式，来确保身份的真实性，降低交易的诚信风险。

四是加强移动互联网电子商务的文化建设。建立互联网企业的长效诚信监督机制及落实措施，坚持诚实守信的观念，维护好互联网生态环境，保证网络诚信建设，从而使移动电子商务市场健康、规范，保证交易的安全性和不可抵赖性。

### （四）制定农村电子商务发展的配套措施与方案

一是加强“数商兴农”战略实施。以《商务部落实〈中共中央国务院关于实现巩固拓展脱贫攻坚成果同乡村振兴有效衔接的意见〉实施方案》为指导，实施“数商兴农”，实现农村地区完善流通体系、提升产业链供应链、加强对外经贸合作，培育农产品网络品牌，加强农特产品推介和农村电商人才基层培训，以巩固拓展商务扶贫成果，以农村电商发展进一步推进乡村振兴。

二是健全县、乡、村三级寄递服务体系。补齐农村寄递物流基础设施短板，促进共同配送体系建设和农产品流通骨干网络，以加强产销精准对接，推动农村地区流通体系建设，促进群众就业创业，更好满足农村生产生活和消费升级需求。

三是以加强商业体系建设，促进农村消费。改造提升县城综合商贸服务中心和物流配送中心，鼓励大型流通企业拓展农村市场、共建共享，仓储等设备设施，丰富村级店快递收发、农产品经纪等服务；要求供销、邮政、快递和农村传统商贸流通企业运用 5G、大数据、人工智能等技术，促进县乡村商业网络连锁化；以农民需求为导向，对生产企业开发适合农村市场的日用消费品、大家电、家居、汽车等的企业制定相应的奖励或减免税政策，促进农村耐用消费品更新换代，丰富农村消费市场。

# 第四章
# 长沙市电子商务业的人才培养

电子商务人才在对长沙企业商业模式的创新以及信息技术的创新和应用方面发挥着越来越重要的作用。随着电子商务市场的竞争日益激烈，大量电子商务企业正在面临由传统电商向数字电商转型的关键时期，对电子商务的人才需求也提出了更高的要求。

《中国电子商务报告》数据表明，2020 年我国电子商务交易总额达 37.21 万亿元，同比增长 4.5%，电子商务从业人员达 5125 万人，同比增长迅速。电子商务的快速发展，导致企业对电子商务人才的需求激增。据《2020 年度长沙电子商务人才状况调查报告》显示，在被调查的电子商务企业中，84% 的电商企业仍然存在人才缺口，其中近 30% 的企业有大规模招聘的计划，相比 2019 年的 85% 的人才缺口，并未有明显的改善。

随着电子商务人才在对长沙企业商业模式的创新以及信息技术的创新和应用方面发挥着越来越重要的作用，电子商务市场的竞争日益激烈。大量电子商务企业正在面临由传统电商向数字电商转型的关键时期，对电子商务的人才需求也提出了更高的要求。与此同时，电子商务专业毕业生却面临着就业难的问题，长沙高校培养的电子商务专业人才与电子商务发展的社会需求相脱节，不能满足电子商务行业发展的实际需要。可以预见，长沙电子商务行业尤其是跨境电商将实现井喷式增长，并成为长沙外贸乃至整个长沙经济新的增长点。电子商务的快速发展离不开人才的支持和保障，如何大规模培养具备创新创业精神、能胜任电商企业岗位的各类电商人才，成为政府、企业、高校共同关注的焦点。

根据项目组对长沙市电子商务行业企业的市场调研，长沙市电商人才供需概况如下。

# 一、长沙市电商人才的供需概况

## （一）2020 年长沙市企业电子商务人才需求现状分析

### 1. 企业对电子商务人才岗位的需求

通过对电子商务行业岗位进行分析、归纳，形成客户服务与管理、网店（站）运营、营销推广、视觉设计、新媒体运营、供应链管理、数据分析等七大岗位群，详见表 3。从表 3 可分析得出，企业对电子商务人才最主要的需求方向为网店（站）运营、客户服务与管理，其次是供应链管理、新媒体运营，需求最小的为数据分析。

表 3　企业对电子商务人才岗位群需求占比

| 序号 | 行业岗位 | 需求占比 |
| --- | --- | --- |
| 1 | 客服服务与管理 | 29.12% |
| 2 | 供应链管理 | 10.49% |
| 3 | 新媒体运营 | 7.93% |
| 4 | 营销推广 | 6.90% |
| 5 | 视觉设计 | 6.25% |
| 6 | 数据分析 | 4.60% |

### 2. 企业对电子商务人才能力需求

运用数据分析技术对采集到的数据进行数据清洗和分析，将分析结果形成可视化图表与实地调研情况进行对比，得出各岗位的能力需求状况，电子商务专业人才应具备的前 10 项能力分别为：SEM 推广能力、整体形象设计能力、内容制作能力、活动策划能力、业务分析能力、客户沟通能力、数据分析能力、平台运营能力、图片美化处理能力、运营推广能力，详见图 4。

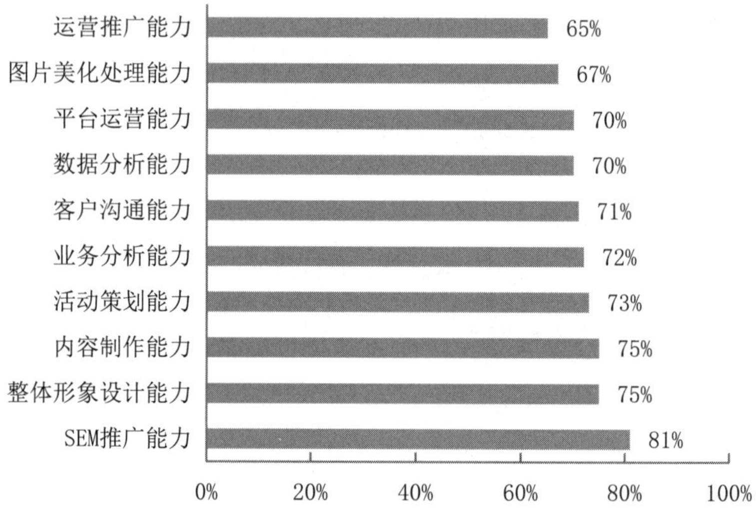


图 4　电子商务专业人才应具备的前 10 项能力

3. 企业对电子商务人才职业素养需求

（1）企业对毕业生素质的要求

通过调研发现，除专业技能外，企业非常重视学生的职业素养，适应能力、应变能力，团队协作意识等，具体职业能力要求如下：

道德品质：坚定拥护中国共产党领导和我国社会主义制度，在习近平新时代中国特色社会主义思想指引下，践行社会主义核心价值观，具有深厚的爱国情感和中华民族自豪感。

文化素质：具有能胜任专业工作必需的文化基础，具有一定的审美和人文素养，能够形成一两项艺术特长或爱好。

身体和心理素质：具有健康的体魄、心理和健全的人格，掌握基本运动知识和一两项运动技能，养成良好的健身与卫生习惯、良好的行为习惯。

专业素质：具有胜任专业岗位所必需的专业知识和能力；勇于奋斗、乐观向上，具有自我管理能力、职业生涯规划的意识，有较强的集体意识和团队合作精神。

职业素质：具备电子商务师资格的职业道德素质、严密的逻辑思维和灵活处理问题的素质，综合运用电子商务理论和技术的基本素质，积极开展电子商务业务的创新素质，具有合作精神和团队意识，具有较强的岗位适应能力。

（2）企业对毕业生学历的要求

通过对各个招聘网站上的学历要求分析，将分析结果形成可视化图表与实地调研情况进行对比，得出各岗位的学历需求状况，在学历要求分布上，由于电子商务专业对专业性、资历等要求较高，此岗位人才的学历水平普遍较高，招聘职位学历要求以大专居多，详见表 4。

表 4　企业电子商务人才招聘学历分布

| 序号 | 学历要求 | 分布占比 |
|---|---|---|
| 1 | 大专 | 48.64% |
| 2 | 其他 | 20.10% |
| 3 | 本科 | 17.10% |
| 4 | 高中 / 中专 | 13.45% |
| 5 | 初中 | 0.52% |
| 6 | 硕士 | 0.18% |
| 7 | 博士 | 0.01% |

4. 电商人才需求特点

根据项目组对长沙市电子商务行业企业的市场调研，随着电子商务业逐步发展，目前长沙市场对电子商务人才的需求，已呈现出四个显著特点：

（1）需求量大。随着这几年各行业竞争的加剧,买方市场的进一步巩固和扩大,电子商务人员的需求则与日俱增，需求量巨大。

（2）行业需求面广。从传统的生产制造行业到热门的房地产、汽车、保险、金融、快速消费品、农业、贸易等行业，都对电子商务专业人才有较大的需求。

（3）需求岗位多。包括：设计类的电子商务平台美工设计；开发类的电子商务网站设计开发；运营类的电子商务网站运营；营销类的网络市场调查、电子商务支持系统的推广、网络营销专家 / 经理 / 助理；商务类的商务智能分析；管理类的营销分析管理、电子商务平台综合管理、电子商务综合管理；外贸类的外贸电子商务；策划编辑类的电子商务平台设计、新型网站服务商的内容服务，等等。

（4）普遍要求有相关岗位的从业经验。掌握电子商务综合技能的人才尤其受到企业的欢迎，与此同时，对院校电子商务专业的人才培养提出了更高的要求，即要求学生毕业生具有较高的职业素质和职业能力、有较强的沟通能力和快速地适应岗位的能力。

## （二）电商人才供给现状分析

### 1. 电商人才供给概况

高校是培养电子商务专业人才的重要基地，但是近年来电子商务毕业生的对口就业率并不很高。同时，调查显示有15%的企业不考虑招聘应届毕业生，35%的企业会控制招聘比例，这反映出当前的电子商务人才培养模式已经不能满足市场的人才需求。通过对重点电子商务平台企业的调研显示，长沙市由于受地区环境等限制，相关部门对人才开发以及相关财务政策的支持力度不够，导致对整体环境而言长沙市的电商行业相关人才还需再培养，少数高层专业团队因人才市场所处整体环境与其期望不尽相同而流失。电子商务是典型的实践应用型行业，因此人才培养也必须以市场需求为导向。

### 2. 电商人才供给特点

长沙电商人才结构不平衡，人才队伍不稳定。这些问题导致长沙电子商务业的发展不能获得足够的人才资源支撑。根本原因在于"政校行企"四方还未形成"内外"动力机制的"良性循环"。从政府、高职院校、行业协会到企业，对于新业态下的电商人才的培养方案还处在探索阶段。

（1）作为首批获批设立跨境电商综试区的城市，长沙市政府虽然加大了对电子商务业特别是跨境电子商务业发展的支持力度，但支持校企合作的保障机制、资金扶持、人才政策、奖励政策还有待进一步完善。

（2）长沙电商行业协会在把握行业发展大势，反馈企业用人需求，指导高职院校合理制订人才培养方案，调整课程结构，以及向政府提出合理的、建设性的产业人才培养计划，争取政府出台鼓励性政策等方面，还需进一步发挥自身特有的作用。

（3）企业参与人才培养热情度不高。长沙众多企业在追求经济效益最大化的同时，还没有意识或主动承担起与高职院校共同培养高素质技能人才的责任，主动参与课程开发、师资互培、技能培训、跟岗实践积极性不高，投入的教育资源有限。

（4）高校还存在诸如人才培养理念滞后、人才培养定位模糊、课程结构不合理、实践教学不足、师资队伍实战经验匮乏、实训硬软件投入不足等问题。

## 二、2020 年长沙电子商务人才培养的推动措施

2020 年，湖南省电子商务在各行业领域、产业链上下游深度应用，新业态新模式层出不穷，已进入到数字商务的新发展阶段。在湖南，一批优秀的数字商务企业已经成长起来，实现规模发展。比如，安克创新是国内营收规模最大的跨境电商企业之一；御家汇是中国 A 股首家 IP 电商上市公司；社区电商兴盛优选入选 2019 全国电商工作会议 15 家数字商务企业案例集；长沙市被誉为社区电商之都，吸引了众多创投机构组团来考察投资。2020 年，长沙市政府顺势而为，采取各种举措积极融入数字化改革浪潮，推动电商企业实现数字化转型。

### （一）改善电子商务从业环境

一是联合开展湖南省电子商务企业认定，全年新增认定电子商务企业 126 家，其中长沙市 41 家。截至 2020 年底，全省累计认定电子商务企业 1431 家。

一是大力培育推进跨境电商主体培育工程。组织发动 7000 余家企业入驻跨境外贸平台，2020 年 1 至 10 月，长沙全市各类跨境活跃网店达 11000 家，实现跨境网络零售出口 76.9 亿元。

二是加快了综试区硬软件的建设步伐。自 2019 年 1 月长沙跨境电商综合试验区获批以来，政府即大力推进跨境电商线下特色产业园建设，积极开展跨境电子商务业集群试点。

三是优化顶层设计与制度保障。制定出台了《中国（长沙）跨境电子商务综合试验区实施方案》《长沙扶持跨境电子商务业发展办法（试行）》等系列文件，

对跨境电商专业人才、核心监管区业务、跨境电商平台、产业基地予以重点支持，积极推进综合试验区业务开展。

## （二）加大电子商务人才培养培训力度

2020年，长沙市出台一系列政策大力扶持高校与企业深度合作，产教融合，创新与改革校企共育电商人才的人才培养模式。在此背景下以长沙商贸旅游职业技术学院为代表的众多高校进行了探索与实践并取得了一定成效，校企深度融合，构建“校企命运共同体”，双元培育电商人才。

为了深度实践产教融合的运营模式，构建起“校企命运共同体”，长沙商贸旅游业技术学院（以下简称“长商职院”）选择与世界500强企业京东集团展开了全面的合作，成立了京东·湘商学院，建设了2000平方米的京东电子商务生产性实训场所，已举办了22期电子商务专业人才实训班，共计1360名学生接受生产性实训，校企共同培养电子商务及其他财经商贸类专业人才，形成了“京东·湘商学院”模式（数据引用自《2020年物流职业教育教学成果奖成果报告》，作者：邓子云、周南、杨子武等）。

### 1. 孵化的运营型项目

自2017年10月京东·湘商学院投入运营以来，截至2020年已经孵化了一批合作项目，所有项目如果产生盈利均归京东集团或京东集团合作的第三方公司所有，学校还提供免费的水电、场地后勤服务支持；所有项目不收取学生任何费用，均考虑提供学生劳务费用及采用市场通用的营销提成机制。劳务费用、营销提成及奖励全部由京东集团或京东集团的合作企业直接发放给学生。京东·湘商学院孵化的运营型项目可分为3类，具体说明如下：

第一，孵化客户服务项目。将长商职院湘商学院的学生按5周为一期，进行滚动式实训，如图5所示，每个学期举办4期实训班。

每期时间为5周，学生为60人左右。第1周为入职准备周，进行面试、企业文化、专业术语、业务流程、打字速度、话术训练等方面的培训。面试为象征性的，目的是让学生体验职场场景，认真对待实训。第2周开始办理入职手续，分配给学生账户，学生在4周的时间内，完成在4个班组（如生鲜组、衣帽组等）之间轮换实训，以体验不同品类的商品客服流程的区别。最后 1 周（即第 5 周）会进行总结表彰，下一期实训的学生会进行入职准备周，如此以确保实训室为满员运营。实训的指导教师主要由京东集团委派。

京东集团在每个学期参训的 4 期学生中挑选优秀的学员，在寒暑假期间参加京东总部的冬令营、夏令营活动。为在冬令营、夏令营活动中表现也优异的学生颁发 Passport（通行证），拥有 Passport 的学生可经过简单的面试后直接入职京东集团。学生在 5 周的实训期间，根据业务的完成量，京东集团会给以学生以补助。在业务高峰期（双 11、618），京东集团还会组织实训的学生做临战动员和战时行动，在自愿的原则上参加京东商城的高峰期销售服务活动。

第二，孵化创新创业项目。入驻在京东・湘商学院，目前已经孵化和正在孵化的创新创业项目有 7 个，包括共享空间、文化创意、自动售货机、十美之家、咖啡书吧、三湘特色馆、负离子服、益生菌、擂茶等，这些项目均由京东集团或长商职院湘商学院的教师担任项目指导教师，公开面向长商职院湘商学院全体学生募集项目组成员。这些项目由京东集团或京东集团的合作企业投入软硬件，学生团队负责运营，由投资公司与学生团队签订合作协议，长商职院不参与任何费用分成。这些项目的主要内容如下：

●共享空间项目：运营京东集团线上线下相结合的大学生跳蚤市场。

●文化创意项目：募集学生参与文化创意产品的设计与销售，包括但不限于企业品牌标识的办公用具、玩具外观、定制文化衫等。

●自动售货机项目：京东集团的合作企业投资研发的产品，由长商职院的教师指导学生团队暂在学校内部试运营推广。

●十美之家项目：是一个支持大学生参与销售新型电子产品的创业平台，由长商职院的校友创办。

●咖啡书吧项目：由京东集团的合作企业投资咖啡原料和咖啡制备设备，由长商职院提供图书，并由长商职院的师生共同运营。

●三湘特色馆项目：由京东集团给出开馆的优惠政策，由长商职院的师生负责谈判确定供应商并提供京东商城在线销售、物流发送服务，主要销售湖南的地方特色产品。

●负离子服项目：长商职院的教师用已获得的可产生负离子的专利技术来设

计服装，并进行外包生产，再利用京东商城平台进行销售。

第三，孵化智慧零售项目。除创新创业项目中已有共享空间、三湘特色馆是利用京东商城平台开展的互联网项目外，京东·湘商学院还开发了一个占地 2000 平方米的无人超市，由京东集团合作的第三方合作企业投资。在项目中，长商职院的师生参与运营，参与包括采购、货品陈列、销售等活动。该无人超市正在积极研发线上平台，与京东商城、京东支付、微信积极对接，构建线上线下一体的运营模式。计划还将线下、线上的营销以项目的方式，打包成创新创业项目，外包给长商职院的师生作为实践。

2. 取得的运营成效

目前，京东·湘商学院已运营 2 年时间，3 种类型的项目大多已经进入常态化滚动式运营状态。

第一，客户服务项目连续 2 年受到京东集团表彰。长商职院被京东集团评为优秀合作学校，运营业绩两年均排在京东集团全国合作的近 70 家合作院校的前 10 名。已经举办客户服务实训班 22 期，2100 名学生参训受益，涌现出一批电商、商贸精英。2020 年，共计 810 名学生参训客户服务项目，获得实训工资 60 万元，21 名学生已入职京东集团，有的已走上业务骨干岗位；凡参与过客户服务项目实训的毕业生就业供不应求，中国移动、中国电信、中国联通、泰阳制药、中国人寿等需要电商客服岗位的企业纷纷前来预订。

第二，创新创业项目取得 4 项国赛奖励。312 名学生先后参与创新创业项目，在已经孵化和正在孵化的创新创业项目中，三湘特色馆尚处于孵化初期，十美之家、负离子服、益生菌、擂茶等 4 个项目均获得了全国大学生“互联网 +”创新创业大赛铜奖，十美之家已进入稳定运营期，数码产品年销售收入 2020 年已突破 5 千万元。共享空间项目每学期会举办一次展销活动，虽未实现理想的盈利，但已成为大学生开展线上线下结合的电子商务、市场营销、创新创业的重要体验、实训项目。

第三，文化创意项目 2020 年实现销售收入 120 万元。自动售货机运营近 1 年来暂未盈利，但已形成一支带有勤工助学职能的学生运营队伍。咖啡书吧项目暂未盈利，但能为师生在京东·湘商学院内的工作（实训）之余提供一个具有书香氛围、品味咖啡的休整之地。

第四，智慧零售项目正在探索。无人超市刚刚建成投入运行，正在进行运营式合作探索。126 名学生先后参与智慧零售项目的实训或勤工俭学。

第五，在教师成长、带动全省、推动专业群建设、对口援藏等方面取得优异的推广应用效果和实践成效。其一，30 名教师加速成长，形成双师型团队。长商职院已有 30 名现代商贸服务业专业群（含电子商务专业）的教师先后到湘院顶岗工作、教学，既实践了企业一线的知识和本领，又完成了教学任务，均成长为了双师型教师。其二，带动全省开展合作，在全国产生深远影响。在湘院的辐射影响下，京东集团已与湖南境内的 3 所院校签订合作协议，拟模仿湘院的运作模式和项目，湘院的生产与办学成果也 2 次获得京东集团授予的优秀合作院校奖、卓越创新奖，被 10 家权威媒体报道。其三，推动湖南省双一流专业群建设，叠加创新平台。通过湘院的成功创新运营，长商职院又获得了教育部批准的现代服务业应用技术协同创新中心、湖南省一流专业群现代商贸服务业专业群（含物流管理专业）、中国（长沙）跨境电商综试区人才孵化基地、湖南省高校大学生创新创业孵化示范基地等事业平台，这些平台将与湘院叠加在一起运营。其四，提供民族情谊交流平台，对口支援西藏。湘院为西藏职业技术学院提供了 40 个工位 5 周的实训机会，提供了藏汉文化、教育、商贸物流交流的平台。其五，认定 2 个跨境电商孵化基地，开设跨境电商专业课程，促进跨境电商人才的培养。

目前，长沙市跨境电商人才发展工作存在的人才资源优势难以转化为用才优势，湘籍电商人才优势难以转化为产业优势，现有人才政策难以转化为企业引才砝码等三大“痛点”问题。为此，长沙市委组织部与长沙市商务局创新性在有条件的高校开展跨境电商人才孵化基地认定工作。认定长沙学院、长沙商贸旅游职业技术学院 2 个跨境电商孵化基地，将通过在相关专业学生开设跨境电商系列课程，实地平台操作培训、跨境电商企业实习等系统教育，为长沙跨境电子商务业培养符合企业需求的专业人才。中国（长沙）跨境电子商务综合实验区人才孵化基地建设既是为了促进跨境电商企业和人才的发展，改善长沙市跨境电商企业发展人才缺口，也是为跨境电商切和人才推进提供有效支撑。这一举措，每年可为全市跨境电子商务业培养具备理论与实操经验的专业人才 1500 人以上，可大大缓解了跨境电商人才困境。长沙商贸旅游职将电子商务专业作为重点打造的专业群核心专业，学校将从跨境电商人才培养、跨境电商创新创业项目孵化、跨境电商大数据研究、跨境电商社会服务等四个方面着力打造出集跨境电商人才培养、创新创业项目孵化、大数据研究、社会服务为一体的综合性人才孵化基地，为中国（长沙）跨境电子商务综合试验区发展提供专业化、社会化、国际化人才支持。正在建设1700平方米的跨境电商产教融合运营中心，计划再引进3至5家跨境电商企业在校内开展生产性实习实训运营服务。跨境电商人才培养目标是每年基地培养和输出跨境电商实操应用型人才至少300人（含社会培训人数），三年总计至少900人；使基地人才留在长沙工作和创业的比例不低于40%；建立起并制订出长沙市跨境电商人才标准和评价体系。

### （三）举办各类大赛，以赛促教促学促训

举办了2020年湖南省大学生电子商务大赛，42所高校、2333个团队，9358名学生参赛，培育电商专业人才。举办2020湖南省电子商务师职业技能大赛，47个单位、508支队伍、3336名人员参赛，大赛第一名荣获“湖南省五一劳动奖章称号”，促进电商人才选拔。依托电商公共服务平台成立电商扶贫“农家学院”，举办6期县域电商精英免费培训班。

### （四）组织各类培训，促进电商人才培训

实施“万企融网闯国际”跨境电商培训，累计参训企业600余家；开展“优商优品”培育工程，向5000余家省内企业普及跨境电商专业知识，促进电商人才培训。

## 三、2021年长沙市电子商务人才培养发展的重点工作

### （一）改善电子商务从业环境

吸引电商人才“走进来”“留下来”不能光靠企业的努力，政府需要不遗余力地营造良好的生活就业环境，打造健全的公共设施和基础服务，在医疗、教育、文化、交通等方面形成一定的优势和吸引力。此外，相关部门要定期开展电商主题会议，目的在于听取电商工作进展，解决前期发展的问题。健全电商配套服务，扩大产业生态链。指导帮助已可开展电子商务的网点或者企业做好产品包装、美工设计、

品牌推广等业务。对跨境电商综试区长沙高新区、长沙金霞保税物流中心、黄花综保园区等电子商务集聚发展的项目，根据其年度电子商务销售总额、年度电子商务销售总额增幅、集聚区使用面积、入驻率以及初创型网商数等指标进行一定数额的资金补助。转型电商企业在农产品进行分级包装和初加工配送等方面投入设施建设，给予一定的政策或资金补助。

### （二）指导举办各类电商峰会活动，加强电商人才培养

组织参加中国国际电子商务博览会、进口博览会等重要展会活动，加强对外学习交流。重点筹备好长三角经贸合作洽谈周电商相关活动，搭建招商对接、交流合作平台。指导电商相关行业协会建设，联合市场监管部门加强网络监管，营造良好发展环境。培养、选拔电商创新创业优秀人才。继续实施“万企融网闯国际”跨境电商人才培育，扎实推进“优商优品”工程实施，破解行业发展人才瓶颈制约。

充分聚焦培养目标，把跨境电商人才孵化基地建设作为服务长沙经济发展、促进就业创业的重要举措。已获批的两家跨境电商人才孵化基地要继续加强基地组织管理、师资队伍建设、课程体系研发，完善基础设施设备，丰富人才培养途径，宣传扩大基地影响，主动服务地方经济。同时，各级各部门要发挥职能作用，加大政策引导支持，加强企业院校等多方资源整合，进一步做好跨境电商招商引资和招才引智的结合文章，建立跨境电商企业人才供需对接平台，为湖南实施“创新引领、开放崛起”战略发挥省会担当的作用。

### （三）加大电子商务人才培训力度

加大人才培育和引进，营造良好的电商文化。培育区域电商人才孵化体系：制定培训方案，完善培训制度，开展多层次的电子商务职业岗位培训。培训人群包括全区城乡青年、返乡大学生、下岗职工、残疾人等，培训方式可采取沙龙普及培训，主题宣讲培训，扶贫培训。也可针对不同人群开设专题培训，例如，学生“村官”培训班、电商扶贫班、残疾人电商班、农村妇女培训班等。建立电商人才孵化中心，建立电商人才资源库，有针对性地制定电商人才引进政策，大力引进具有创新思维、经验丰富的高端复合型电子商务人才。建立常态化、可持续、有吸引力的电商沟通交流平台。着力培育一批电子商务领军人物，发挥榜样作用，

带动全长沙市电商企业学习热情。加大中小企业培训力度，扩大电商群体、促进电商文化培育，让更多的企业和个人参与进来，营造良好的电子商务发展氛围。要通过网络问卷、实地调研等手段，了解电商企业的实际人才需求。根据企业的需求，加强电子商务学科专业建设，通过长沙市本地大中专院校输出电子商务技术开发和应用人才，鼓励电子商务企业与学校签订办学合同，提高院校教学质量。进一步优化电子商务人才引进政策，吸引周边省市专业人才投身长沙电子商务产业。建立电子商务人才激励机制，从薪资、住房、医疗、教育等方面入手，改善电子商务从业环境，加强长沙市在周边省份人才市场的影响力，吸引和留住电子商务高端人才。

## （四）制定电商人才培训策略

### 1. 以社会需求为导向，开展学校基础培训

高校应结合社会与企业的需求，确立培养目标、更新教学资源、创新教学模式、加强校企合作等，不断地提供更加符合社会与企业需求的电子商务专业人才。首先，高校应该建立高质量的师资队伍，培养一批了解企业需求、具有实际工作经验的教师队伍。如建立校企合作基地，共同开发模拟实战的实验室。其次，改进教学手段，线上线下开展教学，充分利用多媒体和网络信息技术等手段来提高教学效果。最后，通过理论与实际的结合，进行电子商务实践教学，如通过自建或与企业联建等方式建立电子商务专业实践基地。

### 2. 以企业发展为目标，开展企业内部晋升培训

符合电子商务企业实际需要的人才，特别是高端人才，在很大程度上需要通过分阶段培训和参加实践进行培养。据《2020年度中国电子商务人才状况调查报告》数据显示，有竞争力的薪酬、良好的企业文化、良好的培训晋升制度，仍然是企业留住人才最为重要的三大措施，企业对电子商务人才的培训已成为常态。电子商务企业必须根据企业发展目标和实际需求制定员工培训制度，明确人才培训的职责与分工、经费支持、培训方式、具体实施以及评估与反馈等管理工作。对企业电子商务人才培训一般由人力资源部统筹管理人才培训工作，各部门配合，

培训方式主要有课程培训、顶岗实践、学徒制、轮岗制、外部脱岗学习等。加强对培训实施工作进行评估与反馈，提出修订与完善建议，不断改进和提升培训工作水平，提高培训质量。

3. 以服务行业发展为目的，开展政府培训

在电子商务发展过程中，国家政策的支持、导向、管理和服务，是电子商务迎来井喷式发展的重要因素。在各级政府的支持下，对电子商务人才的培训正在如火如荼地开展，不仅促进了电子商务在各地区的快速发展，也缓解了电子商务发展的人才瓶颈问题，壮大了电子商务人才队伍。首先要成立电子商务领导小组，确定培训的实施机构，如各社会培训机构、相关行业协会、高校等。其次由培训机构负责培训计划的制定、师资组织、课程设计、教材编写、培训工作安排、电子商务创业辅导、电子商务人才就业推荐及培训成果评估等工作。再次通过各级政府培训机构举办培训、政府购买服务，社会培训机构参与培训、邀请全国知名电商企业或专业电商培训机构开展培训等方式组织培训具体实施工作。最后对社会各阶层有志于学习电商知识的人员与群体进行电商基础知识、网购、网销、网络维护、电商服务等培训。

4. 以输出适用型人才为导向，开展社会培训机构培训

当前，电子商务行业的快速发展导致人才供应不足。一方面不同电商形态的快速推进和电子商务生态环境的不断丰富，如新零售、物联网、跨境电商、农村电商、人工智能、现代物流，都需要大量的电商专业对口人才；另一方面，高校培养的电子商务人才不能很好地满足适应行业发展的要求。因此，需要引入社会培训机构的力量来为电子商务企业培训出适用型技术操作和商务管理人才。社会培训机构可以利用高校优质的教学资源，结合企业的最佳实践，共同打造实效的电子商务人才培训方案，采用应用型“订单式”人才培训输出模式，实现学员高品质就业，这样既可缓解电子商务专业学生“就业难”问题，又可为电子商务行业发展提供适用型电子商务人才。

# 第五章
# 长沙市跨境电子商务的发展现状、问题及对策

2020年，在全球新冠肺炎疫情的大环境下，国际贸易受到一定程度的影响。中国（长沙）跨境电子商务综合试验区（以下简称“长沙综试区”）按照党中央、国务院决策部署，出台多项政策措施，全力促进跨境电商企业复工复产，跨境电子商务加速进入高质量发展阶段。总体而言，跨境电子商务继续保持增长态势，增长动力、市场结构、发展模式发生积极变化。随着相关政策日臻完善，长沙跨境电子商务仍将持续发展。下面将回顾2020年的长沙跨境电子商务的发展现状、主要特点，指出面临的问题及发展趋势，并提出相应对策。

## 一、长沙市跨境电子商务的发展现状

### （一）通过政策引导和制度创新，长沙跨境电商环境不断优化

长沙市政府加大政策引导，进行制度创新，颁布了一系列跨境电商优惠政策，优化跨境电商环境。如 2015 年长沙市开福区政府出台了关于“中部（湖南）进出口商品展示交易中心”的奖励扶持政策，设立了平台建设的专项资金，对新驻企业给予费用减免，对通关费用进行一定补贴，并对有贡献的人才实行奖励。2017 年长沙市商务局颁布的《关于贯彻落实〈关于振兴长沙工业实体经济的若干意见〉的实施细则》中提到明确支持长沙市的企业到海外设立批发展示中心和建立国际营销网络，将“跨境电子商务服务试点工程”列为重点工程之一。

借助国家、湖南省政策扶持引导，长沙跨境电商环境不断优化，快速发展。2014 年 1 月，长沙获批成为国家跨境贸易电子商务服务试点城市。2018 年 7 月，国务院常务会议决定新设长沙等 22 个城市为跨境电商综合试验区，为推进长沙跨境电子商务试点工作，湖南出台了《湖南省电子商务发展规划（2014—2020 年）》《关于加快发展农村电子商务实施办法》等系列政策措施，加快进行跨境电子商务产业园区及监管中心建设。

目前，长沙以金霞保税物流中心、黄花综保区、长沙高新区三大园区为基地，形成跨境物流、通关、技术研发、教育等跨境电子商务业发展格局。仅高新区就集聚了谷歌体验中心、安克创新等100余家跨境电商企业。友阿海外购、森贝全球购、快乐购等本土平台稳步发展。

### （二）通过“走出去”与“引进来”结合，长沙跨境交易额快速增长

湖南省委、省政府注重“走出去”与“引进来”相结合，推动境内外联动共促产业升级。为湖南企业“走出去”保驾护航，为“引进来”推进国际化布局。

实施推进“湘企出海”行动计划，对接国家“一带一路”倡议，更好地促进经济社会发展，带动长沙跨境电商交易规模。2021 年，全省对外投资实际投资额 16.7 亿美元，同比增长 12.1%，位居全国第 10，中部第 1；对外承包工程完成营业额 27.6 亿美元，同比增长 22.5%，全国排名较 2020 年上升 2 位。

建立健全外资服务机制，出台落实外资支持政策，进一步优化营商环境。长沙在河西麓谷、高新区等区成功引进美国霍尼韦尔，与长沙鑫航机轮刹车有限公司、湖南博云新材料股份有限公司合作成立股份有限公司。与此同时，新加坡的淡马锡丰树集团，在岳麓区麓谷建设的丰树长沙产业园，也在热火朝天地施工中。预期，丰树长沙产业园将为大型外资工业、跨境电商提供先进的仓储物流服务。位于国家级望城经济技术开发区的湖南湘江新区现代商贸物流产业园已入驻物流企业 40 家。物流园的快速发展必将为长沙地区跨境电商的发展起到良好的保障作用。湖南高桥大市场国际商品展示贸易中心，正在成为中部重要的进口商品流通集散地，已经汇集近百个国家的进口商品，成交额突破 3000 万美元。

长沙市跨境电商在几年的积极发展下，其相关服务已经日渐完善，跨境电商进出口额每年都在不断地增长，跨境电商交易规模不断扩大。2020 年长沙跨境电商进出口额突破 24.5 亿美元，同比增长 90%，超过全国平均增速；据不完整统计，全市跨境电子商务平台卖家总计 3466 家，同比增长 30%。2021 年，长沙跨境电商持续“井喷”，前 2 月出口 29.5 亿元，增长 44.7 倍。

### （三）通过完善物流基础设施，长沙配套服务和交通优势日益明显

长沙市目前已初步具备建立跨境电子商务平台所需的各种物流功能平台，集公路、水运、铁路、航空和管道五种交通运输优势于一体。

长沙市获批成为“全国流通领域现代物流示范城市”“现代服务业综合试点城市”后，在对物流基础设施完善的基础上，结合水路、铁路和空运航线的发展，已经逐步形成以城市配送物流为主，商贸物流、产业物流、保税物流为特色的城市现代物流发展体系。一方面积极开展保税业务。长沙海关深入推进全国海关通关一体化改革，简化通关申报手续，提高通关效率。另一方面，长沙牢牢抓住“一带一路”和“一带一部”机遇，推进港口建设，形成通江达海新优势。2020 年长沙新港完成货物吞吐量 1115 万吨，同比增长 16%，长沙新港迈入“千万吨级”港口行列，成为第一个千万吨级的中部内河港区。吞吐量全国第一，已开辟 40 余条国际水路航线，实现“五定班轮”（即定装卸港口、定运输线路、定运输时间、定班轮船期、定全程运价）；同时，长沙地区按照“内建平台、外畅通道、优化通关服务开放”的思路，推进铁路货运。长沙铁路货运新北站是我国南方地区最重要

的货运枢纽，开通了“五定班列”（即定点装车地点、定线固定运行线、定车次、固定到发时间、定运输价格）；开放建设口岸、口岸作业区、特殊监管区域等各类口岸功能平台20多个，开通80多条国际（地区）航线、多条江海航线和湘欧班列。2020年“湘欧快线”累计发运进出口货物共计运载货物41.11万吨，同比增长15.9%；货值22.35亿美元，同比增长94.3%。中欧班列（长沙）开行528列，占中（湘）欧班列的96.7%。长沙被列为内陆主要货源地节点和主要铁路枢纽节点“双节点”城市。

## 二、长沙市跨境电子商务存在的主要问题

### （一）跨境电商配套政策不够完善

国家层面已经出台《关于促进跨境电子商务健康快速发展的指导意见》相关的一系列政策刺激跨境电商的发展，湖南省虽然出台《湖南跨境电子商务百亿项目行动方案》等政策，但是这些政策多侧重于从宏观方面给予跨境电商发展的政策鼓励，对于跨境电商发展的物流、信用支付、食品监等方面配套规定的不够细致，相关的政策还没有颁布，或者不够细致和完善。

成为国家跨境电商综合试点区是长沙实现跨境电商又好又快发展的一个良好契机。然而，目前长沙作为国家跨境电商综合试点区，发展重心主要集中在B2C出口和直邮进口方面，很难形成强大竞争力。突破现有B2C保税备货模式，发展长沙跨境电子商务业，这主要受到了政策制约的影响。上述政策制约如果长期存在，将会成为长沙跨境电子商务业发展的一个长期的不稳定因素。

### （二）跨境电子商务市场主体培育不足

一是本土跨境电商企业规模小。在长沙，有51家本地电子商务企业，如“快乐购物有限责任公司”“鹰皇商务科技有限公司”“湖南御家汇网络有限公司”等本土跨境电商企业，已初步产生一达通、安克创新、友阿“海外购”等龙头企业，但是这些企业与“京东全球购”“天猫国际”“亚马逊”等知名企业相比，发展规模偏小，对消费者的影响度也较弱，在行业内的排名以及影响力都不够，不能对本地区的跨境电商行业发展做出巨大贡献。

二是传统支柱产业需要加大转型发展。2020年主要出口商品类别来看，长沙市的出口主要是以机电产品、电子元件、塑料制品、鞋类、灯具为主，但这些类别占长沙市生产总值比重都不大，而传统的支柱产业如工程机械、汽车及零部件等相较占生产总值比重很大的类别却存在出口量不大的问题，这说明此类产业在传统实体交易方面发展不错而在跨境电商方面存在很大的发展空间，从上述分析可以看出，传统支柱产业急需向互联网跨境电商优化转型发展。

### （三）集交易、监管、物流于一体的跨境综合服务平台建设相对滞后

跨境电商的飞速发展迫切需要建设一个集商品交易、金融支付、物流配送、税收监管于一体的综合平台。该平台的好处在于大大提高交易效率，从而促进跨境业务量的增加，同时也方便相关监管部门进行管理。这就需要电商企业、支付企业、物流企业三方与海关系统进行对接，方便各个部门之间统筹管理。由于长沙市地处中部地区，跨境电商起步晚，与多方融合尚处于初级阶段，导致在跨境电商综合服务平台系统建设方面严重滞后。

### （四）仓储物流整体规模偏小，服务水平偏低

长沙市地处中部城市，与沿海和发达城市相比，物流发展水平偏低。一是物流整体规模偏小，长沙市的物流企业中尤其是交通运输和仓储物流企业多数为个体化，组织化水平与经营集约化程度不高，普遍存在“小、散、差”的问题。二是物流企业服务水平不高。由于中小型的物流企业往往将更多的精力放在完成物流运输任务上，对于物流设计等高端物流方面涉及较少，服务水平总体偏低。2020年长沙仅星沙物流投资有限公司、湖南一力股份有限公司2家公司入选“中国物流企业50强”。但与中国远洋海运集团有限公司、厦门象屿股份有限公司等公司相比，专业服务能力特别是跨境物流服务能力方面，有待进一步提高。

### （五）跨境电商复合型人才短缺

随着长沙跨境电子商务的发展，对人才尤其是高端的跨境电商人才的需求量巨大，跨境电商人才短缺。一是长沙市高校培养的跨境电商人才远远不能满足当

前长沙市对跨境电商人才的需求。一方面是因为跨境电商是一个飞速发展的新兴的产业，很多高校培养人才的速度远远赶不上跨境电商的发展速度。虽然建成的长沙跨境电商人才培养基地充分整合跨境电商资源，将企业引入校园以提高学生实践能力弥补了高校培养人才的劣势，但是涉及的培养学生数量有限。而目前社会上复合型人才也实属不多，要培养一批这样的人才也需要一个相当长的过程。另一方面是因为高校培养的电子商务人才素质还难以满足跨境电商人才的需求，一个优秀的跨境电商从业者需要了解并掌握的知识技能是相当多，尽管选择从事跨境电商行业的毕业生专业背景丰富，数量也相当可观，可是这些毕业生综合素质能力未能满足企业的需要。二是湖南省地处内陆，对高端综合人才的吸引力明显不如发达省份。这些因素都造成了湖南跨境电商人才紧缺的问题。

## 三、长沙市跨境电子商务发展的主要对策

针对前述长沙市在发展跨境电商中的现状和存在的问题，为了保证跨境电商能够顺利发展，实现长沙地区经济贸易转型，从而最终提高长沙地区的 GDP 总值，以下从五个方面提出解决对策。

### （一）响应国家利好政策，解决政策层面障碍

首先，省、市政府部门积极响应国家的“一带一部”战略，结合长沙市现有的区位优势，继续快速提升对外开放程度。其次，要成立跨境电商领导工作小组，将跨境电商工作制度化、日常化。争取获得国家层面支持，结合本省本市现状制定跨境电商发展的相关法规政策，以保证长沙市跨境电商在和谐、有序的环境中得以顺利成长。最后，要不断推动实施开放战略，多走访“一带一路”沿线城市和地区，多调研这些城市和地区跨境电商发展现状及未来走向，从而确定长沙市的工作重点。

### （二）加大对本土跨境电商企业的支持力度，促进传统支柱产业优化转型

一方面建议长沙市出台具体的规章制度，明确对跨境电商本土企业的扶持方向与扶持力度，吸引本土跨境电商企业的创立以及加速本土跨境电商企业的发展，

鼓励支持本土中小企业以商招商形式引进外地优质企业落户，对具有上市潜力的后备本土中小企业申请上市给予有关费用的扶持。

另一方面，电子商务时代的发展，使得长沙市一些传统支柱企业发展受到桎梏，传统支柱产业需要从思维理念的角度进行转换升级。首先，需要将自身产业与互联网思维进行分析，将企业中的产业特性、行业性质及电商思维相结合，建立适合该企业发展的电商文化，通过培训学习，研讨借鉴，进行转型铺垫。其次，企业需要通过大量的市场调研分析，资源分析，地域优劣势分析及其他同行业企业转型案例分析，明确企业方向为企业定型。最后，政府应加大对传统支柱企业的优化转型发展的关注度，加强政策扶持力度以及优惠政策，刺激和促进传统企业转型进程，从而加快跨境电子商务的发展。

### （三）加快跨境电商综合服务平台构建，提供有效支撑

跨境电商要实现“买全球”“卖全球”，离不开跨境电子商务服务业的有效支撑，特别是需要综合平台服务。湖南跨境电子商务发展应加快发展政府主导的跨境电商综合服务平台。

长沙市政府相关部门和金霞等保税区要加快与省内外领先的电子商务平台建立联系沟通机制，实现电商平台与湖南海关的信息共享、互联互通，建立跨境电商的快速通关机制。着力改善通关环境，提高通关速度，从而实现税收监管的高效化和跨境电商平台的有效对接；解决支付问题，国际支付资金周转时间长，因退换货所带来的支付后期的一系列问题要求我们应加强金融平台建设。在发展跨境电子商务平台上，一方面，积极与天猫国际、京东全球购、苏宁易购等国内领先的电商平台接洽，引导其进入金霞等保税区设立办事处，接入其平台网络流量。另一方面，要利用政策支持、专项基金扶持和各类奖补措施支持芒果购物、快乐购等一批湖南自主电商平台做大做强，根据湖南本地实际发展自主的跨境电商平台，服务湖南本土经济社会发展和百姓日常需要。

### （四）完善跨境电商物流体系建设，破解物流难题

物流作为连接商家和消费者的节点，是跨境电商发展中重要的一环。长沙市应该利用“全国流通领域现代物流示范城市”“现代服务业综合试点城市”的机遇，

积极建设高效的现代物流体系。

一是充分依托金霞的国家 B 级保税物流中心，积极发展“进口仓储保税、出仓分递集报”跨境电子商务 B2B2C 的监管作业模式，并科学规划长沙金霞保税港航运的航运日程，避免过长枯水期带来的不良影响；二是降低物流成本，缩短物流周期，加快筹备 B2C 进口直购业务，开通直达航班，将长沙市打造成跨境电商进口消费商品分销基地；三是鼓励跨境电商企业间开展物流合作，建立物流战略同盟，以减少物流成本；四是根据跨境电商的交易额与战略同盟共同设立海内外物流仓储中心。

### （五）加强跨境电商人才的培养与引进，提供人才保障

人才是阻碍长沙顺利开展跨境电子商务的一大瓶颈，因此在实行人才战略时，更加需要注意加大培养和引进复合型跨境电商人才。

为了解决跨境电商人才稀缺的问题，一方面，要注重人才的培养，尤其是要培养出适用于跨境电商的专业性人才。需要培养其在跨境电商行业中所必需的外语沟通技能、外贸技能以及跨境物流管理等技能。同时也要注重营造电商发展浓厚氛围。以比赛、展会、论坛等重点系列活动为依托，搭建跨境电子商务领域人才、资金、项目等资源要素的汇聚平台，促进长沙市内跨境电商企业的对外合作交流。另一方面，要注重人才的引进。长沙市政府应积极出台相关鼓励引进人才的政策，大力引进相关高层的人才，加大对创新创业的扶持，积极引导离乡人才回乡就业创业，带动长沙市关于跨境电商的管理理念的发展，鼓励企业聘请经验丰富的专业化团队进行平台的运营、管理，利用专业人才的经验及技能，加强对国内电商人才的培训，储备后续人才。

# 第六章
# 长沙市移动互联网产业的发展现状、问题及对策

2014—2020 年，长沙移动互联网产业实现了从无到有、从弱到强的华丽转身，产值突破了千亿元，企业总数突破 3 万家，互联网发展指数居全国第六、中部之首。成为继北京、上海、深圳、杭州之后的“移动互联网产业第五城”。面对疫情冲击，2020 年度全省移动互联网产业实现营业收入 1618 亿元，同比增长 22%，连续 7 年保持高速增长，已成推动我省经济高质量发展的新动能、新引擎。2020 年，长沙吹响“软件业再出发”号角，一批新场景、新企业、新产品激活了产业活力，互联网岳麓峰会、长沙·中国 1024 程序员节、世界计算机大会、长沙网络安全·智能制造大会等一系列互联网盛会吸引了全球目光，让移动互联网产业焕发新机。本章回顾 2020 年度长沙互联网产业的发展现状、主要特点，反映了面临的问题，并提出了相应对策。

## 一、长沙市移动互联网产业的发展现状

### （一）新型信息基础设施建设加快推进

湖南加快推进数字新基建项目建设，数字新基建走在全国前列。2020 年发布湖南省“数字新基建”100 个标志性项目，项目总投资 563.78 亿元。其中，国家超级计算长沙中心搭建的系统荣登国际人工智能性能排行榜 AIPerf500 首次榜单，排名第九。湖南域名根镜像服务器和国家顶级域名解析节点正式启用，将进一步提升我省乃至南方地区互联网响应速度和解析效率，助力我省打造成为全国重要信息枢纽之一。大数据中心呈规模化发展态势，全省投产的规模以上数据中心达 42 个，机架总规模 11 万架，长沙市占据关键板块。

5G 应用场景不断丰富。2020 年全省再次发布了 30 个“5G+ 制造业”典型应用场景，累计已发布共 60 个 5G 典型应用场景，应用场景涵盖工业互联网、智能制造、人工智能、安全生产等制造业领域的多个方面。组织召开全省“5G+ 工业互联网”现场推进会，批复长沙经开区为湖南省“5G+ 工业互联网”先导区，支持其打造国家级“5G+ 工业互联网”融合先导区。5G 应用创新不断拓展，部分领域走在全国前列，湖南广电成为全国广电系统第一家进军 5G 领域的企业。

### （二）市场主体培育工作成效显著

湖南互联网产业的高速发展，互联网企业实力有了稳步提升，应用场景更加丰富多元。2020 年 12 月 2 日，湖南省互联网协会在长沙高新技术产业开发区发布 2020 年湖南省互联网综合实力 30 强榜单、互联网成长型企业 10 强榜单、互联网创新型企业 10 强榜单和《2020 年湖南省互联网企业 50 强发展报告》。作为湖南发展互联网产业的主战场，长沙彰显省会担当，2020 年湖南省互联网企业 50 强均来自长沙，比去年榜单增加 4 家。

龙头企业做大做强。2020 年，全省共有 150 家软件及互联网企业营收过亿元，其中过十亿元的近 30 家，新增两家行业上市企业，威胜信息成为“科创板湖南第一股”，安克创新成为“湖南创业板注册制第一股”。中车时代电气入围工信部中国软件业务收入前百强，排名第 23 位；快乐阳光互娱、安克创新入围软件和信息

技术服务竞争力前百家企业名单、全国互联网百强榜单。草花互动、潭州教育等 103 家移动互联网及软件企业入选湖南省上市后备企业名单，占上市后备企业总数比的 20% 以上。

重点企业快速成长。重点企业盈利水平进一步提升，86 家省移动互联网重点企业全年实现营业收入 491.2 亿元，同比增长 23.6%，实现利润总额 56.3 亿元，同比增长 17.7%，吸纳就业人数 65723 人，同比增长 42.3%。兴盛优选、到家集团成为“独角兽”企业，特别是在社区团购“战长沙”的当下，兴盛优选成为估值超过 40 亿美金的国内社区电商龙头企业，2020 年年度交易额将突破 300 亿元，纳税近 2 亿元。潭州教育的平台用户达到 1600 万，累计学习人次突破 8 亿，2020 年营业收入达 13 亿元，同比增长 126%，利润突破 1 亿元。从“文化湘军”沃土中汲取“养分”，芒果 TV 作为国内连续 3 年业内唯一盈利的视频企业，活跃用户数突破 1.3 亿，2020 年 6 月以来芒果超媒市值峰值一度达到 1315 亿元。自 2018 年中国移动在长沙试点“和包支付示范城”以来，目前长沙“和包支付”用户已超过 460 万，商户超过 12 万户，完成了津贴发放、生活缴费、交通出行、公共服务等全场景支付改造和应用。正因如此，总部设在长沙的中移电子商务有限公司连续两年入选湖南省互联网企业前十强。

项目引进建设成果丰硕。2020 年，CSDN 总部项目、万兴科技总部项目、文思海辉区域总部项目、京东云项目、大族智控项目、百度 ARM 云手机项目、上海爱数项目、深信服网络安全与云计算研发基地项目、山海经动漫游戏总部基地项目等一批重大项目相继落户湖南。截至 2020 年底，已有文思海辉、万兴科技、奇安信等超过 50 家知名软件和互联网企业在湖南设立了全国总部或区域性总部。雨花工业软件大厦、东华智慧产业研发总部基地、中国软件二期建设项目、湖南省大数据交易中心项目、中电信创产业园项目、天津麒麟软件长沙产业基地项目等一批重点建设项目开工进展顺利。

创新创业氛围日益浓厚。以柳枝行动、腾讯众创、百度创新中心等为代表的创客中心成为移动互联网创新创业的沃土。截至目前，柳枝行动孵化项目 565 个，其中视比特机器人、机械之家、莫之比智能、羊驼教育、睿图智能等 72 个项目累计获得 7.5 亿元股权融资。成功举办了 2020 年“创客中国”“麓山杯”5G 技术及应用中小企业创新创业大赛、第二届人工智能产业创新与应用大赛，数字产业创新创业氛围不断浓厚。

## （三）新兴关键技术突破取得新进展

重点领域核心技术加速突破。湖南麒麟信安科技荣获国家级专精特新“小巨人”企业，2020 年获批承担了 2 项“工信部基础支撑软件项目”。拓维信息聚焦云计算、大数据、物联网和 AI 等核心技术领域，已研发积累了 400 多项自主知识产权产品及 52 项产品专利，其研发的“基于鲲鹏 ARM 架构的智慧高速解决方案”已位居国际先进水平。安克创新推出首款支持 Apple HmeKit 智能家居生态平台的智能 AI 室内云台机，主打夜视高清和智能 AI 检测跟踪的特色功能，得到了超过 400 家海外媒体的评测报道，亚马逊星级达到 4.7 星。

产业创新平台搭建加快进度。已启动建设湖南省级工业技术软件化创新中心，将以中电云网平台为基础，通过关键共性技术研发，打造工业技术软件化服务平台，推进湖南省工业技术软件化进程。湖南“软件产业生态圈共建计划”正式启动，将联动全国优秀科技企业及各地高校、科研院所，从业务联合创新、人才引进培养、中小企业扶持三大层面合力共建“软件产业生态圈”。湖南鲲鹏生态创新中心正式成立，将聚焦优势软件企业、聚合软硬件产业合作伙伴，共同培育软件生态、人才培养和孵化标准。长沙变化率信息技术有限公司、长泰智能装备获批工信部物联网关键技术与平台创新类、集成创新与融合应用类示范项目。

## （四）移动互联网应用广度和深度不断拓展

制造业数字化软件支撑能力增强。软件技术对制造业领域的赋能、赋智、赋值作用进一步凸显，全省工业 App 达 18259 个，同比增加 69%，应用企业的关键业务环节工业技术软件化率超 40%，规上工业企业中数字化研发设计工具普及率达 76.1%，关键工序数控化率达 48.1%，实现网络化协同比率达 36.8%，工业云平台应用率达 41.4%。中电互联和湖南满缘红联合开发的“SMT 稳健质量工业 App 解决方案”，是国内首款基于 PK 体系的自主安全 SMT 行业数据采集终端，填补了国内电子行业工艺优化 App 的空白，荣获 2020 全国工业 App 和信息消费大赛“工业 App 优秀解决方案奖”。

信息消费领域创新活跃。2020 年全国工业 App 和信息消费大赛成功举办，吸引了全国各地 2310 个团队报名参赛，7 家湖南企业研发的 8 个项目在总决赛获奖。成功举办了全省第二届新型信息消费大赛,10 个参赛企业项目获奖,其中创星科技、智慧畅行入围 2020 年工信部新型信息消费示范项目。创星科技已成为中南地区医疗信息化第一品牌，在湖南省的医疗信息化市场占有率已超过 60%。智慧畅行研发出国内首个通过断面客流实现自动排班以及实现全程车和区间车协同调度的智慧公交 SaaS 云平台，构建了软硬件相结合覆盖乘客、车企、车主和政府的完整智慧出行生态圈，成为国内智慧交通领域的头部企业。

### （五）协同创新的产业生态体系基本形成

产业发展生态进一步优化。根据腾讯研究院的《数字中国指数报告（2019）》,湖南在“数字中国”及“数字产业指数”省级排名中居全国第 9 位。长沙市出台了软件业发展三年行动计划，围绕智慧城市、智能制造、智能产业三大领域发布了 191 个应用场景，投资额超 50 亿元。数字产业品牌及影响力不断提升，世界计算机大会、移动互联网岳麓峰会相继举办，进一步提升了我省数字经济开放带动、创新发展水平。从 2014 年到 2020 年，岳麓峰会不断迭代升级——规模越来越大，人气越来越旺；观点越来越新，主题越来越潮；出席嘉宾从湘籍扩大到全国乃至全球互联网大咖，开放度越来越高，影响力越来越广，吸引了人气，聚集了资源。网络安全和智能制造大会、5G 峰会、软件、互联网 50 强发布会、长沙 • 中国 1024 程序员节等行业重大活动成功举办，吸引社会各界对数字产业的关注和参与，聚集了产业要素资源。中南大学、湖南大学、湘潭大学、南华大学获批湖南省首批特色化示范性软件学院，我省深化软件人才培养模式改革，促进软件生态体系建设工作取得突破性进展。在国内精英职业发展平台猎聘发布《2020 中国互联网行业中高端人才报告》中，长沙互联网行业中高端人才净流入率居全国第三，在重点城市互联网行业职场人工满意度排名中居第二。

新业态、新模式不断涌现。步步高和腾讯、京东建立全面战略合作伙伴关系打造智慧新零售，步步高 Better 购小程序数字化会员超过 2400 万人，其数字化转型入围“2020 中国零售数字化最佳实践”案例名单。土流集团旗下土流网作为互联网土地流转第一品牌，平台已挂牌土地资源 5.79 亿亩，成交 1.38 亿亩，业务覆盖达 1156 个区县，土地经纪人 3 万多人。电子商务应用向制造业领域全面拓展，湖南盐津铺子电子商务有限公司通过网红带货、抖音、直播等零售新模式助推销量再上新台阶，2020 年预计销售收入 1.6 亿元，同比增长 70% 以上。

特色园区向品牌化、高端化发展。目前湖南省有国家级软件产业基地 1 个，国家级网络安全产业园 1 个，省级软件（移动互联网）产业园 10 个、大数据产业园 12 个、人工智能产业园区 1 个、区块链产业园 2 个，以长沙高新区为核心集聚区，特色园区载体丰富多元的产业集聚发展态势初步形成。长沙高新区 2020 年共新引进软件及互联网企业 200 余家，新增融资企业 11 家，融资金额超过 70 亿元，软件从业人员达 8 万人。位于长沙的马栏山视频文创产业园已聚集视频文创企业 3000 多家，2020 年实现营业收入 430 亿元，同比增长 16%。长沙软件园、中电软件园等专业园区正对标中国软件名园开始启动创建工作，中电软件园 2020 年产值近 300 亿元。

### （六）网络信息安全保障能力持续提升

工控系统信息安全保障体系逐步完善。在全国率先编制发布了《湖南省工业控制系统信息安全事件应急预案》，健全工控安全应急管理工作机制，切实保障工业控制系统信息安全。工控信息安全产业加快发展，发布了 10 家省级工控系统信息安全服务支撑机构名单,组织召开全省工业互联网安全培训和产业对接会。“三一重起生产网安全融合韧性系统”等 5 个项目入选工信部网络安全技术应用试点示范项目，全省 16 家企业入选工信部工业互联网企业网络安全分类分级管理试点企业名单。

信创产业发展形成湖南品牌。湖南省已经形成了国内领先的包括基础软硬件、整机及终端、应用软件、安全服务等在内的网络安全完整产业链，产业发展基础产业和发展氛围跻身国内一流。以国防科技大学为技术策源地，以中国长城、华为等为强力引擎，“PK”和“鲲鹏”两大生态体系融合协作、竞合发展，以“两芯一生态”为引领的信创产业“长沙样板”初步形成。长沙已集聚网络安全企业 196 家，2020 年产值 140 亿元，同比增长 40%；全面启动“一院四中心”建设，三年共引进重点项目 47 个，计划总投资 560.7 亿元，创建公共服务平台 15 个，引进和培育高端人才 200 余人。

## 二、长沙市移动互联网产业发展面临的主要问题

大力推进长沙移动互联网产业发展的这几年，长沙经济保持快速发展的良好势头，结构调整优化、产业升级，质量和效益稳步提高，为区域产业经济发展搭建了良好的经济基础。然而通过移动互联网产业发展问题深入研究，发现还存在以下几个问题：

### （一）政策制度配套设施不完善，制约产业发展

长沙移动互联网产业发展的相关规制环境仍不完善，制约了产业发展。首先诸如招商引资、园区税费优惠减免、高层次人才招聘引进、知识产权保护和激励、跨境电商业务、金融中介资质、互联网金融规范、移动互联网 App 安全规范等相关政策环境还不完善。其次，信息基础设施配套不够，适应移动互联网企业发展需求的公共服务平台有待完善。移动互联网企业信息交流、技术交流、商务交流需求大，尚缺乏综合服务平台。综合来看，规制环境的制约既有国家层面的顶层设计限制，也有省市地方层面的配套政策和具体执行细则等因素的缺陷。

### （二）企业规模偏小，整体竞争力不强

长沙移动互联网产业企业规模偏小，综合性大型企业不多，缺乏整体的竞争力。目前，长沙的互联网企业数量逾 3 万家，约占全省互联网企业总量的 40%，据长沙统计数据显示，截至 2019 年长沙软件和信息技术服务业实现营业收入 800 亿元，软件和信息技术服务业企业总数超过万家，其中规模以上企业 362 家、仅占全部移动互联网企业的 1.2%。过亿元企业 75 家、过十亿元企业 8 家，屈指可数。此外，移动互联网企业，特别是服务业企业，技术研发、市场培育等前期投入较大，很难在短时期内产生经济效益，企业经营压力较大。

我国移动互联网产业有明显的地域特色，大体呈现“沿海领先，中西部落后”的分布特点，发展较快的产业主要聚集在珠三角区域、环渤海城市圈、长三角沿江城市和西三角区域这四大区域。长沙移动互联网产业近几年发展迅速，但仍还处于第二阵营，与“北上广深”存在很大差距，发展相对比较靠后。

### （三）产业链不成熟，规划布局欠前瞻

产业链是产业分工合作的产物，是以用户需求为核心，并由向上下游或者旁侧衍生出来的企业所组成的一个有机整体，是一个聚集价值链、供应链、知识链、技术链等的一个系统。移动互联网产业是一个很长的产业链，包括移动的硬件层、平台软件层、应用服务层和行业应用层。目前，长沙的移动互联网产业在很多行业中还没有形成完整的、高效的、顺畅的产业链。同时，存在上下游环节薄弱的问题，在上游环节，创新能力不足；在下游环节，产品的营销及知识产权保护依然存在问题。根据价值链理论，上游的创造环节和下游的产权交易、传播和营销环节是附加值较高的领域。而移动互联网企业在各环节上缺乏协同合作，在各个环节中不能形成较高的利润回报和竞争优势，在产业链布局上还未成熟，上下游环节薄弱。

### （四）核心人才缺失，创意技术水平低

由于起步晚，吸引人才时间周期等因素，目前湖南移动互联网方面的骨干人才、创意技术仍处在一个缺失和起步的阶段。形势严峻的是湖南的移动互联网团队和企业不仅在吸引外地名校精英人才方面乏力，而且还存在着巨大的人才外流的现象。根据领英网调研报告中的数据显示，2020 年中南大学、湖南大学、国防科大、湖南师范大学四所长沙“双一流”大学的学生中留在长沙工作的不到 20%，流向湖南其他地区的仅有 5%，流向北京、上海、广州、深圳等国内一线城市和成都、重庆、南京、杭州等二线城市的毕业生达 75%。

人才的缺失和外流导致的严重后果之一就是创新性不足。在移动互联网领域湖南本土公司在创新性方面表现较为乏力。创新和技术是移动互联网企业最核心的内容，移动互联网企业的所有产品都是围绕人来进行的，人就是移动互联网企业最最核心的资源，在人才来源相对匮乏、人才净流出的双重压力下，长沙的移动互联网人才存在不足。

## 三、长沙市移动互联网产业发展的主要对策

根据《湖南省人民政府办公厅关于持续推动移动互联网产业高质量发展加快做强做大数字产业的若干意见》提出，通过 3 年的努力，加快形成以移动互联网为先行，以 5G、大数据、人工智能、区块链为核心的智能型、融合型产业生态，将湖南打造成为全国数字经济创新引领区、产业聚集区和应用先导区。到 2023 年，力争全省移动互联网产业营业收入翻一番，突破 3000 亿元，数字经济规模突破 18000 亿元，数字经济规模排名进入全国前十位。围绕长沙“转型创新发展”的总体要求，不断完善用户使用环境，搭建技术开发和应用公共平台，鼓励移动互联网企业自主创新，以新的技术和应用为突破口，用新的商业模式整合传统产业，加快长沙移动互联网产业发展，促进长沙经济发展方式转变和产业结构调整升级。根据长沙移动互联网产业现状和存在的问题，提出几点发展对策建议：

### （一）致力制度创新，持续营造良好环境

建议围绕服务企业发展和推动用户使用，主动作为，抢先发展，营造良好的产业发展环境。

一是要积极落实省市产业政策。鼓励企业积极落实各级政府制定的促进移动互联网产业发展的政策措施，营造口碑，打造产业洼地，形成引流效应，树立企业信心，吸引企业入驻。

二是要加强新型基础信息站点建设。大力推进“5G+ 工业互联网”，鼓励产业园区、重点企业打造“5G+ 工业互联网”典型工业应用场景与融合应用标杆。大力推进 5G 网络建设，继续深化 4G 网络覆盖，加快部署基于 IPv6 的下一代互联网。要切实减轻流量费用负担，鼓励用户多使用、多体验，把长沙打造成领先使用的移动互联网应用示范区。要加强基站建设，填补非商业区域免费流量空白，在各园区和人流量大的学校、图书馆、地铁、公交车及站台等公共区域建立免费 WIFI 热点。特别关注农村人口，推动农业、服务业数字化转型，提升全市移动互联网整体使用环境和水平。

三是要继续打造互联网产业基地。长沙高新区发展产业园引领加强产业聚集区建设，为企业提供宽松的产业环境，芙蓉、开福、岳麓、雨花、天心五区加快

创客空间建设，营造良好的创新创业生态环境，吸引移动互联网企业和人才进驻创客空间。

### （二）致力引导创新，促进产业发展多元化

一是鼓励搭建产业联盟。积极筹建推进移动互联网产业联盟及相关组织建设，加强研发布局和协同创新，支持构建数字经济产学研用协同创新联盟，打造一批面向行业的产业创新中心、制造业创新中心、产业创新服务综合体等新型创新载体。推动互联网企业、内容服务企业等广泛对接、深入合作，实现长沙产业发展的深度融合。进一步加强对技术创新的应用及推广，对重大技术创新以示范工程的形式等鼓励在实体企业中推动应用，增强核心竞争力。

二是重视应用服务内容应用广度和深度。移动互联网产业的发展遵循对用户需求的忠诚并主动提供服务的商业模式，需要因人而异、因地制宜不断进行创新、完善，为用户提供完美的服务。移动搜索与信息服务方面必须更加主动、及时地提供技术支持与服务，为用户抓取他们最想知道的内容，追求移动服务的个性化。

三是创新移动互联网服务增长点。大力培育新业态新模式，鼓励在线教育、互联网医疗、便捷化办公等线上线下融合的新业态新模式发展，推动电子商务应用向制造业领域全面拓展。移动互联网信息服务内容已全面覆盖日常生活，为用户提供信息服务的应用服务和产品将会迅猛发展，为移动互联网产业的发展提供更多方向选择，扩充了更大的发展空间。

### （三）致力培育市场主体，实现特色领域突破

立足长沙市移动互联网产业发展现状，建议在优势特色领域进行重点突破，不断推出、更新行业应用方案，提高行业应用水平及产业化能力，推动区域产业经济自主创新体系的形成，不断增强、完善产业核心竞争力。

一是大力培育市场主体。做强大企业，培育小巨人，扶持创新创业。积极推广全省行业发展鼓励政策，吸引世界 500 强和全国电子信息百强、软件百强、互联网百强等数字经济龙头企业入湘，设立创新中心、区域总部、行业总部或第二总部。每年培育认定一批创新能力强、发展潜力大、成长性好的省级移动互联网重点企业，培育数字经济“专精特新”小巨人企业，引导产业投资基金积极支持

独角兽、准独角兽企业快速成长。每年组织开展省级数字经济中小微企业创新创业大赛、新型信息消费大赛、人工智能产业创新与应用大赛、工业App大赛等，对在国家级和省级数字产业相关大赛获奖的企业给予奖励，扩大区域产业影响力。

二是面向未来趋势发展新型业态。移动互联网对日常生活的渗透越来越深入，在餐饮、购物、出行等方面已经形成了成熟的市场网络和商业模式，居住方面还有较大的市场需求和发展空间，要加快物联网发展，进军智能家居领域。大数据、云应用、云服务、云终端等云产品相继出现，市场前景广阔，是移动互联网产业新的业务发展增长点。引导优势行业企业加强合作互动，加快兼并重组，培育形成跨界融合型企业，打造一批移动互联网业界具有较强影响力、国内居于领先地位的知名企业、产品与服务品牌。

### （四）致力引进和培养人才，构建新型人才体系

一是引进培育领军人才。以政策、环境吸引领军人才，以领军人才带动合作团队，在全市移动互联网产业重点领域和关键技术上引进领军人才，鼓励领军人才投资创业，实现业务创新。依托湖南高等教育的优势，大力培育和挖掘技术研发、业务设计、市场拓展等方面的高端专业人才，集聚一批高层次产业中坚人才队伍，提升全省移动互联网产业中层人才水平。

二是壮大产业基础人才。要加强政府、企业、院校职校、培训机构、行业协会等各部门和单位的合作，逐步完善移动互联网产业人才体系构建。引导高校和职业院校创新教育模式、培养适合企业发展需要的移动互联专业人才。要围绕移动互联网应用开发设置专业和课程，大力培养软件开发人才，为全省移动互联网产业夯实人才基础；采用“校企合作”办学模式，紧跟行业发展和企业需求，进行订单式培养；采用“工学结合”培养方式，由合作的企业技术专家带领学生做真实的项目，边学习边工作，提高人才的实用性。

三是搭建人才服务平台。整合现有的人才服务项目、平台，根据市场的需求，搭建一个精细化、专门针对移动互联网领域的综合性、门户型、便捷化的人才大数据应用服务平台。平台应聚集和整合政府、社会、市场服务等多种资源，设置政策信息、申报中心、求职招聘、技术合作、投融资、研发平台、交流培训、客户服务等模块，为人才提供多功能、全方位、专业化的一站式服务。无论是人才

找工作、企业招聘人才，还是资金寻找项目、人才寻求专利技术转让，都可以通过平台进行多维互动，形成合作意向。并推出微信、App 等多渠道应用，让人才在任何时间、地点都可以获得跨部门的政务办事服务、便民应用服务以及个性化的定制服务。

# 第七章
# 长沙市农村电商的发展现状、问题及对策

2020 年，随着数字乡村建设、电子商务进农村综合示范、电商扶贫等工作深入推进，长沙市农村电商继续保持良好发展态势，农村网络零售和农产品上行规模不断扩大，农村消费市场潜力进一步释放，农村电商模式不断创新，电商扶贫实现国家级贫困县全覆盖，电子商务积极助力农业供给侧改革，为乡村振兴提供新动能。长沙市农村电商经历了前期市场培育，正在迅速增长的同时加快转型升级，逐步走向高质量发展的新阶段。本专题内容回顾了 2020 年长沙市农村电子商务的发展现状、主要特点，反映了面临的问题，并提出了相应对策。

## 一、长沙市农村电商的发展现状

### （一）农村电商继续保持快速增长态势，交易额递增

湖南省特色农产品种类丰富，特色农产品市场的建设设施良好，电子商务的交易额逐年递增。湖南农产品的资源较丰富是其开展农村电子商务的活动有利形势，湖南省因其地势特点所以各地市的特色农产品较多，比如湖南冰糖橙、江华瑶山雪梨、炎陵黄桃、祁东黄花菜等特色农产品。宁乡花猪、大围山梨、浏阳金桔、沩山毛尖等越来越多的长沙农特产品搭上“互联网 +”的快车，市场主体不断壮大。兴盛优选在农产品社区电商领域领跑全国，搜农坊线上销售农产品年交易额超过 3 亿元，全市线上销售农产品 1000 万元以上的企业超过 20 家，产业基础更加扎实，各项工作稳步推进。

据长沙市商务局 2020 发布的《长沙市农村电子商务业发展报告》显示，2020 年长沙市实现农村网络零售额 332 亿元，占全市网络零售额比重的 55.4%，同比增长 32.2%，增速高于全市网络零售额 13.6 个百分点，成绩喜人。从区域情况来看，长沙县占主导地位，宁乡市增长最快。2020 年长沙市农村网络零售额望城区为 16.9 亿元，同比增长 66.1%；浏阳市为 59.4 亿元，同比增长 27.1%；宁乡市为 53.4 亿元，同比增长 82.5%；长沙县为 102.4 亿元，同比增长 14.5%。

### （二）配套服务不断优化，农村消费市场潜力持续激发

一是快递物流协同发展。农村快递布点得到加强，全市 74 个乡镇均开设了快递服务网点，网点个数为 324 个，乡镇快递服务网点覆盖率为 100%。

二是网络建设逐步完善。农村网络建设加快，全市 FTTH 光纤到户通达率达到 100%，实现乡镇及以上地区 3G/4G 网络全覆盖，光纤用户达 221.6 万户。共建设基站 5616 个站点，乡镇 4G 信号覆盖率达 95% 以上。农村互联网用户的增加说明开展电子商务的条件在逐渐改善，促进了农村电商的发展。而农村电商、网络电视、数字教育在农村的快速发展缩小了城乡数字鸿沟，加速了农村宽带普及和信息化进程，改善了农村生产生活方式，激发农村消费市场潜力，增强发展内需动力。

### （三）农村电商发展积极“借力”龙头企业，快速壮大

阿里巴巴农村淘宝已与浏阳市、宁乡市正式签订合作协议，正大力推进“千县万村计划”“亩产一千美金计划”。已建农村淘宝县级服务中心 2 个、天猫优品服务站和农村淘宝服务站 127 个，共招募“村小二”127 个和“淘帮手”100 个，服务覆盖 300 个行政村。京东“亚洲一号”落户望城经开区，正部署在长沙开展线下“百城百店”战略。

惠农网、芒果生活、搜农坊等本地农村电商第三方平台均已具备规模。惠农网年交易额突破 15 亿元，农产品电商平台搜农坊年交易额达到 1.8 亿元。

农业经营主体应用电商更加深入。全市利用自建网站或第三方电商销售生鲜农产品交易额超过 150 万元的企业突破 20 家，销售加工农产品交易额超过 1000 万元的企业突破 10 家。蜜蜂哥哥蜂业、童年记、湘康农业等全市农业龙头企业注重电商板块发展，线上销量在总销量中的占比超过 50%。

### （四）农村电商扶贫创新，推动贫困农民创业就业

长沙市电商扶贫实现省贫困县全覆盖，加快推动贫困农民创业就业。目前，长沙已在全市 84 个省定贫困村建成电商综合服务站，实现全覆盖。通过支持贫困户开店创业、代销农产品、购买劳务等方式，为 1000 余户建档立卡贫困户增收超过 500 万元。

组织了浏阳大围山土蜂蜜助销、达浒镇大蓝山杨梅节、宁乡市黄鹤村状元黄桃助销等多个助销活动，有效解决了贫困村农产品时有滞销的现象。

涌现了搜农坊、蜜蜂哥哥、刘沩农业、奕辉农业、蛋哥哥等一批优秀电商扶贫企业，通过指导贫困户进行种植养殖，并提供电商平台销售农产品的方式为 400 余户建档立卡贫困户增收增益超过 400 万元。

## 二、长沙市农村电商发展存在的主要问题

农村电商发展已经成为长沙市农业经济发展新的增长极，以点带面发展已成燎原之势，但是到目前为止长沙农村电商规模相对于较发达的省会城市仍然偏低，主要存在以下四个方面的问题制约着农村电商快速发展：

## （一）农村地区网络信息技术普及程度低，制约了农村电商发展进度

长沙农村地区，网络信息技术普及程度较低，主要表现为以下几点：

1. 在湖南省部分农村地区，由于地处偏僻，网络无法覆盖；另外网络费用较高等因素是阻碍农村电子商务发展的因素。

2. 目前湖南省农村地区网络基础设施建设还不健全，农村地区的电脑硬件以及软件设施远不如城市，虽然湖南省移动网络信息已基本覆盖所有乡镇，由于部分农村地势地貌复杂，网络通信时不太稳定，这在一定程度上抑制了湖南农村电子商务发展的进度。

3. 农村的村民整体知识水平较低，对于电子商务的专业知识掌握有限，电子商务意识淡薄，对电子商务的认知程度低、应用能力差，导致农产品网络市场无法得到的有效拓展，使电子商务在长沙市农村的发展受到了很大程度的制约。

## （二）农产品生产未形成规模效应，影响农村电商集约化发展

湖南省农村目前农产品生产不集中，未形成规模效应。这和发展集约型的农村电子商务是不相适应的。农民组织程度分散、生产加工能力低、效率不高及产业的集约化程度低等问题对湖南省农村电子商务的发展在一定程度上造成了干扰。主要表现在：

1. 农产品质量参差不齐。农产品因其本身的产品属性与生产特点，同类农产品在不同的产区品质自身就有差异，栽培和大田管理水平在一定程度上都存在很大差异，这些问题都可能导致产品质量出现参差不齐的情况。

2. 缺乏统一的产品分选标准。当前阶段湖南省的农产品在线上销售的时候，出现了同批次商品间个体质量差异大，产品品质不一，甚至是以次充好，或者假冒同类产品的情况，给消费者在选购过程中造成了很大的困扰。

3. 销售过程易出现虚假宣传。我省农产品产区分布较广且种类繁多，不同产区所生产的农产品不仅产品直观外形差别很大，而且在营养价值等方面也都存在不同。线上销售无法在购买前对商品优劣进行鉴别，对所购买产品的了解基本来源于相关页面的介绍材料，因此在销售过程中的虚假宣传时有发生。

4. 农村电商未形成规模和群体效应。长沙市农村电商的规模较大，但处于分

散经营、各自为战的阶段，即使部分农业生产企业拥有一定的资金和实力自主搭建平台，却没有形成规模和群体效应，没有完全发挥电子商务对湖南农村整体经济发展的带动作用。

### （三）农村电商配套设施和支撑服务体系不健全

1. 缺乏健全的物流配送体系。一方面，湖南东、中、西部地区呈梯形发展，农产品主产区的西部农村地区仍然比较闭塞，物流网络跟不上电子商务发展的步伐，物流成本过高，农产品进城损耗较大；另一方面，农村冷链物流配送体系发展滞后，原产地预冷的基础设施建设不足，造成农产品物流环节损耗较高，增加了农村生鲜产品直配难度。农产品产后分级包装、加工仓储、追溯体系等都亟待加强。

2. 电商服务体系尚需优化。三级电商服务体系已基本建立，但为农产品电商上行服务的内容仍然偏少，而当前农产品网上营销竞争激烈，大规模宣传推广和品牌塑造成本过高，对许多小规模经营者来说无力承担。

3. 农产品电商交易综合平台刚刚起步。农产品触网率仍然较低，农产品批发市场仍然是农产品流通的主渠道。长沙农产品 B2B 电商平台尚处于起步阶段，由于大多数农产品尚未完成标准化建设，相对 C 端来说，B 端尚未形成成熟的模式，且行业集中度不高。大多数农产品 B2B 电商平台的功能比较单一，多数只是信息平台、交易平台，缺少完善的质检、分级、包装、保鲜、仓储加工等线下服务链条的支撑，难以让交易双方形成足够的信任，用户黏性不高。

### （四）农村人才匮乏，吸引电商人才的软硬件环境还需进一步优化

农村电商的发展离不开人才的发展，农村的经济发展较为缓慢且落后，农村电商人才匮乏成为突出难题，需要完善电商人才培养体系。长沙市农村电商人才缺乏突出表现为以下三个方面：

1. 人才吸引能力差。农村地区的公共服务以及工作环境差，且整体的发展水平远远落后于城市，农村电商市场的薪资待遇、经济和就业环境等方面的劣势还难以吸引电商专业人才，很少有相关人才回到农村发展。

2. 人才流失严重。目前乡镇农村懂网络、熟悉电商技能的人才较少，教育领

域对于电商人才的培养还难以满足市场需求，本地人才培养存在着周期性问题，农村大学生努力学习就是为了改变生活状况，到环境更好的城市发展。

3. 人才培训力度不足。地方政府缺乏系统专业的电商人才培训体系，政府组织的人才培训主要是政府官员发展电商宣讲培训和前期村淘合伙人实操培训，农村电商人才培训力度不足，无法对正在参与电子商务的农村网民进行相应的帮助和指导。

## 三、长沙市农村电商发展的主要对策

### （一）加快普及农村地区网络信息技术，夯实农村电商健康发展基础

一是积极建设农村信息设施。建议长沙市政府积极建设农村网络的信息发布平台；高效的合并农村的网络信息资源以及加强农村网络信息服务团队的建设。在农村建设网络平台，政府加大力度建设农村的有线电视以及数字网络化，以电子化推动农村的经济发展，在信息平台上发布有效农产品买卖信息，可以为农民卖出产品以及农民增收创造有利条件。

二是加快农村地区基础设施建设。要推动湖南农村电子商务的发展，需要各级财政支持，加大农村电商基础设施建设投入。首先，实现通信、光纤向农村全覆盖。制定适合的费用标准，推进农村通信、互联网、有线电视的普及；建立信息资源共享平台机制。电子信息平台作为一种网络应用，不断加大基础设施的建设力度能让农村电子商务健康发展，将农村当前的网络环境进行改善，能为农村电子商务的发展打下良好的基础。乡政府应将网络知识与计算机硬件的普及提到日常工作上来，通过加强网站建设，完善因特网宽带服务人员的建设，建立起综合性的农村信息化平台。

三是提高农村网民主动进入电商市场的积极性。在参与电子商务的活动中，对电子商务的操作流程进行亲自体验，将自己种植的农产品发布在网络平台上，可以实现与商家就产品信息进行交流，在吸取其他电子商务的商家成功经验的基础上，为电子商务业务的展开创造有利的条件，让网商真正地感受到开展电子商务带来的好处，有利于湖南省农村电子商务的发展。

## （二）推动农业生产规模化和标准化，促进电商专业化品牌化发展

一是推动农业生产规模化和标准化。一是进一步推进农村土地流转，积极支持新型农业经营主体扩大规模，对种植大户和养殖大户进行资金支持和技术指导，加强监控和监管，确保农产品生产过程符合要求；二是设立农产品分类标准，对农产品进行分级包装；三是针对农产品不易储存的特点，有条件的农户或企业，应购买专业的冷藏保鲜设施，无条件的，政府应出资在农产品比较集中的村寨，建立冷藏保鲜中心；四是建立电商孵化中心，为农民工提供产品标准化生产、加工、包装等技术指导；五是构建高效产品质量溯源体系，使生产者为消费者提供高质、健康、绿色、环保、营养的农产品，切实提高农产品的质量水平。对不良商家造假售假行为进行严惩。

二是大力推进农产品标准化与特色品牌化建设。质量分级、包装规格和品牌管理标准是开展农业电子商务的先决条件，需要严把检测质量关。政府应引导涉农单位提升品牌意识，创立区域电商品牌，鼓励电商企业申请商标和产品专利，围绕特色产业打造集群优势，推进特色农产品的电商营销战略，促进农村电商品牌化发展。

## （三）完善农村电商保障机制，支持湖南农村电商市场健康有序地发展

一是发挥政府的扶持与监管职能。政府要进一步完善电商法规,确保法律保障；加强宏观管理，制定农村电商发展规划；加大农村电商政策和资金扶持力度，完善配套软硬基础环境；在人才引进、业务培训等方面给予政策优惠；从授信、贷款、简化手续等方面提供融资支持；积极发挥行业协会的作用，推进创业咨询、技术辅导等公共服务工作；鼓励第三方信用评价体系建设，加强安全监管，确保湖南农村电商市场健康有序地发展。

二是建立全面高效的农村物流网络配送体系。注重湖南网络物流体系建设，尤其是从公路网、铁路网、航空及内河运输体系融合中来提升农产品物流配送效率，实现农产品产地、加工地、仓储、集散基地的全面整合。不仅要改善配送网络和乡村道路交通，还要鼓励各乡政府自建或引进第三方物流在乡村设置配送站，解决最后一公里问题。同时，在粮食、生猪、土特产、水产品等农副产品聚集带，

规划完善集散批发市场，鼓励和促进第三方物流和冷链物流的发展。

三是推进长沙市农村电商扶贫工作创新。通过构建完善的政策与保障体系培育经营主体，打造农村电商集聚平台。如依托农村电商龙头企业，来扎实推进农村旅游、农村农产品重点扶持工作，积极从电商扶贫与金融扶贫战略上，打通阿里、京东等电商平台，更好的服务扶贫目标。

### （四）建立人才引入培养体系，为农村电子商务业发展提供人才支撑

人才是推动农村电子商务业持续发展的基础和根本，要注重人才引入和现有人员培养两个方面同时展开，培养现代电商人才。

一是加强农村地区的基础设施建设，提高农村的公共服务以及改善农村的工作环境，吸引本地的大学生回当地发展；鼓励大学生去农村发展，参加实习以及工作；完善人才的引进工作，提供优惠的政策吸引人才；及时挖掘人才，通过举行活动挖掘有创造力的年轻人。

二是加大农村教育力度，提高农户的电商意识。政府要在贫困农区为农户提供免费知识培训，提高农民的网络基础知识和操作能力；依托阿里研究院等电商平台，组织农村过剩产业人员参加培训，培养后备人员。

三是依托湖南省内高职院校，鼓励农村生源毕业生回乡创业和就业，构建农村电商人才培养基地。

综上，应注重农村电商人才培养，通过高职院校、电商学院等来加大本地电商人才培训，建立优秀人才引进机制，营造良好的电商人才保障机制，做好农村电商高端人才回流机制，以充实和提升农村电商水平。

# 第八章
# 长沙市电子商务企业案例

本章收录了长沙市内10家企业的成功案例。其中，友阿云商是零售企业发展跨境电商的典型；快乐购是媒体企业精准发力领域电商的典型；咿呀实业是母婴行业电商发展的典型；安克创新、水羊股份中跨境电商的典型；盘子女人坊是提供个性化服务的电商典型；兴盛是零售企业发展电商的典型；惠农科技、松桂坊、蜜蜂哥哥是发展农村电商的典型，它们都提供了不同的电商业发展思路。

# 一、湖南友阿云商网络有限公司

## （一）公司概况

### 1. 公司简介

湖南友阿云商网络有限公司（以下简称“友阿云商”）是由湖南友谊阿波罗商业股份有限公司（以下简称“友阿股份”）为主发起，联合深圳融网汇智科技有限公司共同投资 1 亿元创办，于 2014 年 08 月 14 日正式成立。友阿云商旗下现有正品特卖购物平台友阿特品汇、农产品电商平台友阿农博汇、跨境电商平台友阿海外购上线运营；线下、线上融为一体，线下实体店为线上产品质量做背书。

友阿云商以友阿股份现有实体商业资源为基础，运用新技术、新理念、新管理优化改进，开启 2 全渠道运营模式，构建智能化、智慧云生活服务体系。

随着跨境电子商务快速发展以及国家对跨境电商扶持力度的不断加大，多家国内零售巨头均在开展跨境电商贸易，如苏宁云商、步步高、广百股份等。友阿股份自 2014 年 8 月开始全力打造跨境电商网络购物平台——友阿海外购，于 2015 年 6 月 13 日正式上线，消费者可直接购买来自多个国家的进口正品商品。友阿海外购是友阿 O2O 全渠道跨境电商运营平台，友阿在旗下五家店开设 O2O 线下体验店，分别是友阿百货线下店、友谊商城线下店、友谊商店线下店、友阿奥莱线下店、阿波罗商业广场。

### 2. SWOT 分析

结合友阿跨境电商网络购物平台——友阿海外购的经营现状及内外部环境，分析其自身优势、劣势以及面临的发展机遇与挑战，充分利用和发挥企业优势资源，抓住发展机遇，规避企业风险，制定能促进企业可持续发展的战略。

表5　友阿海外购 SWOT 分析

| 优势 S | 劣势 W |
| --- | --- |
| 1. 友阿海外购是由深交所上市公司友阿股份投资亿元建设的自营跨境电商平台，品牌影响力大；<br>2. 经营品类齐全，有上万种商品，可直接购买国内外正品好货，挑选余地大；<br>3. 有友阿股份实体店背书，严格把关产品质量，保障性强，可信度高；<br>4. 线上线下相融合，线下体验、展示，线上下单、支付，方便且体验感强。 | 1. 经营品类、品种多，其中包括轻奢品，企业资金压力大；<br>2. 受传统企业管理模式的影响，运营环节多，管理难度大，管理成本偏高；<br>3. 外包物流，合作伙伴多，管理难度大，配送效率较低，到货时间较长，影响消费者的选购；<br>4. 产品的保障性强，面临退货风险，轻奢产品价格偏高，限定了部分消费者的消费。 |
| **机遇 O** | **挑战 T** |
| 1. 电子商务快速发展以及国家对跨境电商扶持力度的不断加大带来的发展机遇；<br>2. 消费者的理智与谨慎，有利于对有背书和保障性强的电商企业的认可；<br>3. 消费者购买欲望与能力的增强，对轻奢品需求量增大；<br>4. 传统零售转型与创新发展获得新的发展机遇。 | 1. 电子商务快速发展，电商企业数量剧增，经营同质化，导致竞争压力日趋激烈；<br>2. 疫情防控需要，导致线上线下相融合的电商企业，线下业务受到较大程度影响；<br>3. 友阿海外购，合作企业数量较多，且不稳定，导致管理难度与成本增加；<br>4. 电信诈骗事件频发，带来的负面影响以及造成间接经济损失。 |

3. 公司发展历史

2014 年 8 月 14 日，友阿海外购开始被筹划。

2015 年 6 月 13 日，友阿海外购正式上线。

2015 年 6 月 25 日，友阿海外购 O2O 线下首家体验店已开始试营业。

2015 年 7 月 1 日，筹备到位的友阿海外购跨境电商线下体验店在友谊商店、友阿百货双店同步开启。

2015 年 9 月 9 日，友阿海外购携手湖南联通打造的“9.9 海淘节”正式开启。以“YU&W”为友阿海外购海淘季为主题，为广大消费者带来一场为期 10 天的海淘盛宴。

2020 年 5 月 28 日，已构建起自身的成熟商业生态。对于走过五年历程的 6.13

全球狂欢节，友阿海外购也已不再是单纯的“促销”活动，而是集娱乐、购物、消费于一身的线上线下的狂欢盛典，专注于用户品质生活的提升，这也让更多的消费者乐于参与其中。

4. 经营模式

友阿海外购 O2O 线下体验店采用线上销售、线下展示、体验的模式，实物展示与虚拟展示相结合，以展示和体验为主。 店内设有电子显示屏、实体商品等，以展示和体验为主。体验店分为母婴用品、美妆个护、营养保健、生活家居、进口美食等多个展示区。用户下单成功后，货物从保税区发货，5 天左右的时间即可直邮到家。

5. 产品及服务

主要为海淘用户提供海外优质商品和服务。友阿海外购平台商品涵盖母婴用品、美妆个护、营养保健、生活家居、进口美食等多个品类，消费者可直接购买来自日本、德国、美国、荷兰等 14 个国家的进口正品商品。

根据不同的消费者的需求，友阿海外购提供“保税区发货”“海外直邮”两种购物方式。友阿海外购其中“保税区发货”即海外批量直采，整批入国内保税仓，海关国检极速清关后，由国内快递派送至消费者手中；而海外直邮则直接对接国外正规电商平台，从海外直接发货，以最快速度丰富平台 SKU，保证商品供应。

6. 2020 年公司经营业绩

（1）2020 年销售数据。友阿海外购 2020 年共完成销售 10662.3 万元，全年突破 1 亿，同比去年销售额 7668.2 万增长 39%；全年毛利 2067.0 万元，同比 2019 年毛利 1456.0 万元增长了 42%；订单量 51.8 万单，同比 2019 年订单量 37.2 万单增长达 39%，各项指标较去年均有大幅提升。

（2）2020 年月销售对比。销售：2020 年销售同比 2019 年增长 39%，其中增长前 5 的有：4 月 65%、6 月 46%、7 月 54%、8 月 53%、10 月 61%。毛利：2020 年毛利同比 2019 年增长 42%，其中增长前 5 的有：4 月 47%、6 月 61%、7 月 54%、8 月 54%、10 月 66%。

（3）2020年注册用户数。2019年友阿海外购总注册用户94.2万人，2020年友阿海外购总注册用户113.8万人，6月总注册用户数突破百万，全年同比增长21%。2020年友阿海外购下单用户10.1万人,同比2019年友阿海外购下单8万人，上涨26%。2020年新注册用户数196007人，新下单用户产生复购数（大于2次）人数14484人。从数据看，6月、11月拉新注册数据明显，后续有拉新活动分析。

## （二）典型做法

### 1. 线上与线下相融合

随着互联网的发展，电商与传统实体店行业的相互结合，友阿海外购采用“新零售”O2O全新的零售模式。线下利用互联网数据平台上架产品，线上利用线下门店的体验感，线下为线上背书，线上为线下赋能，相互的融合走向更符合消费者习惯的销售模式。

### 2. 整合供应链合作共赢

为了更好地服务于友阿海外购，友阿股份在香港注册成立了全资子公司“友阿云商（香港）有限公司”。确保“友阿海外购”上架的每一件商品均是从货源产地或品牌商处直采，为全国的海淘用户提供海外优质商品和服务。尽管湖南长沙跨境电商市场竞争激烈，友阿海外购仍然主张多数电商企业能参与进来，让市场真正活跃起来，相互促进。在激烈的市场竞争中，如果把谁都当成敌人，无疑会不择手段，结果是两败俱伤，阻碍跨境电子商务的发展，只有相互成全，相互合作，才能获得更大的发展。

利用友阿股份完善的信息管理系统，提升店铺管理效率，友阿云商通过全渠道的销售模式开拓市场、开发客户。通过线上线下的整合，友阿云商围绕不同场景为消费者提供个性化需求，及时沟通，实现商家与用户之间的互动。

### 3. 打造优秀的电商团队

团队是最核心和关键的因素，电商团队组织结构及配置合理与否是对决策者智慧的考验。海外购的电商人才来自很多的电商平台，充分把外脑和内脑相结合，学习先进经验，发挥自身潜能，合理利用综合平台新电商和传统电商的优势，实现融合发展。友阿海外购一直致力于打造一个先锋模范团队，团队规模已达到200余人。团队成员怀揣梦想，不断创新、勇于拼搏，建立了共同的价值目标，那就是要共同圆梦海外购电商平台。

4. 提供质量可靠的正品

对于跨境电商消费者，产品的信用保证是最大的担忧。友阿海外购以友阿股份实体经营的信用度为背书，充分利用现有实体资源优势，为友阿股份旗下跨境电商平台的正常运营，以及友阿海外购跨境电商线下体验店在友谊商店、友阿百货双店同步开启创造有利条件。

友阿海外购通过团队多年的努力，在湖南陆续开出了50多家线下体验店，实现全渠道运营。另外，针对普通代购退货难、商品质量保障等售后服务方面存在的一系列问题，友阿海外购采取直接跟保税区合作的方式，支持国内退货；同时友阿海外购配备有专业的售前和售后客服，确保每个环节都能做到有问必答，及时处理顾客在购物过程中遇到的一切问题，解除客户的后顾之忧。

5. 做足用户消费体验

友阿海外购为了提高客户满意度，精准服务客户，在香港登记注册了香港公司。自成立以来，不断探索海外直邮、香港直邮、国内进口仓发货、保税仓发货等几种物流方式，每种运营模式都是以满足用户的不同需求为切入点，解决客户在时效、品质、保障等需求上的痛点。作为湖南长沙非常有影响力跨境购电商平台，友阿海外购成功整合各方资源，形成四大优势。

一是保证100%正品。现在许多电商平台面临的一个主要问题就是被假货充斥，严重影响电商企业或平台的可持续发展。友阿海外购着力从源头上解决和抵制伪劣产品问题，首先是所有商品直接从保税区发货，其次是所有商品均需经过海关及国检等政府机关监控，通过层层把关，确保所用商品100%正品。

二是高性价比。友阿海外购在海外进行批量采购，大大降低购买成本，并且在入关时只需缴纳行邮税，免除其他税种、免除含50元以内的行邮税。

三是售后保障。很多海外购在售后方面都存在各种各样的问题，而友阿海外购将采取国内退货地址退货，免除顾客购物的后顾之忧。

四是物流快。目前从海外发货到国内的时间至少需要30天，而友阿海外购从保税区发货，5天左右的时间即可直邮到家，免除消费购买等货之忧。

### （三）借鉴启示

“物竞天择，适者生存”是亘古不变的真理，电商企业要想在日趋激烈的市场竞争中立于不败之地，获得可持续发展，就必须改变陈旧的观念，创新思维，互相学习和借鉴好的经验做法。历经5年的发展，友阿海外购从一个小小的零售区域性小平台，成就为湖南领先的跨境电商平台，有很多值得借鉴的经验做法。

#### 1. 始终坚持顾客至上

一是通过平台数据进行客户画像分析，了解客户需求，开展精准营销，提供能满足消费需要的好产品。二是通过多种渠道，整合资源，保证消费者所购商品为100%正品，保证物流速度。三是依托实体经营的信用度为背书，或通过各种信用保证体系,解决消费者的后顾之忧。友阿海外购就是以实体经营的信用度为背书，保证消费权益。

#### 2. 致力打造优秀团队

人力资源是核心资源，关键要素。要培育一支技术、营销、管理分工明显，协作一致，勇于创新，敢于拼搏的电商队伍，为顾客提供精准服务。优秀的团队好比火车头，是企业发展的动力。

#### 3. 有效实施差异化策略

跨境电商商品要与线下百货零售的商品是形成了差异化，一个是品类上的差异，线下实体店购买不到的保健品、化妆品或奇特进口商品，可以通过代购实现；另一个是价格上的差异，购买贵的商品通过跨境的形式买得更便宜，当然这中间有税负的问题，也有流通环节的一些问题，总之一句话通过跨境来买你能够买到更便宜的商品，在商品的差异化方面构成特色优势。

4. 整合资源合作共赢

电商企业要对不同来源、不同层次、不同结构、不同内容的资源进行识别与选择、汲取与配置、激活和有机融合，从而更好地满足消费需要和提高市场竞争力。如联合深圳融网汇智科技有限公司共同投资友阿海外购；与现代物流公司合作，保证物品快速到达消费者手中，比如“保税区发货”即海外批量直采，整批入国内保税仓，海关国检极速清关后，由国内快递派送至消费者手中；而海外直邮则直接对接国外正规电商平台，从海外直接发货，以最快速度丰富平台 SKU，保证商品供应。线上线下融合，线上交易，线下体验，线下为线上背书。

5. 务实求真和敢于创新

市场环境、消费需求、电商及营销技术手段在不断创新，所以一个电商企业要想实现可持续发展，首先要严格遵守国家相关法律法规及电子商务法规条例，不可偷税漏税；其次随着市场环境的变化，要及时调整营销策略和技术手段。友阿海外购开启跨境电商模式，并不是本着这个商业模式不用交税而来（2016 年前不用交税，2016 后开始征收跨境综合税）。

在激烈的市场竞争环境下，电商企业的发展并非风雨无阻。当然正是因为前行道路中有坎坷和困境，友阿海外购逼迫不断革新，突破自我，闯出了一条适应时代发展的电商之路。友阿海外购已走过 5 年，我们期待未来 5 年友阿海外购和湖南长沙所有跨境电商更加辉煌，为消费者带来更优质的商品和服务，分享全世界的优秀产品。

## 二、快乐购（芒果超媒）有限责任公司

### （一）公司概况

1. 公司简介

快乐购于 2005 年 12 月，由湖南广播影视集团与湖南卫视联合注资亿元成立，自“电视百货、连锁经营”起步，定位“媒体零售、电子商务”，致力跨行业、跨媒体、跨地区发展，在国内新一代家庭购物行业确立了领先地位。快乐购是商务部认定

的全国首批电子商务示范企业，湖南省电商龙头企业，湖南省战略性新兴产业百强企业，国内首家 A 股上市的家庭电视购物企业。

2. SWOT 分析

快乐购（芒果超媒）作为湖南省电商龙头企业，有其独特的优势，同时也表现出一些不足，在互联网经济背景下，以及电子商务的快速发展，发展机遇与挑战并存，现对其内部环境优劣势、外部环境机遇与挑战进行分析，为后续发展提供参考借鉴和启示。

表 6　快乐购（芒果超媒）SWOT 分析

| 优势 S | 劣势 W |
|---|---|
| 1. 芒果超媒的第一大股东是湖南广电， 还有中信等国有企业的资金支持，在资金上可以说实力雄厚；<br>2. 芒果超媒在行业内率先实现盈利得力于湖南台资源倾斜以及内容自制， 大大降低内容成本，使得芒果超媒成为长视频领域唯一一家盈利的公司；<br>3. “视频 + 内容 + 电商” 的全新模式为平台打开中长期流量变现空间。 | 1 芒果超媒主要依托于湖南卫视，其核心产品是综艺节目而不是电视剧；单纯从综艺节目吸引观众，从而导致用户增长后劲不足；<br>2. 综艺节目内容需求变化快，创新能力有限，芒果超媒内容竞争力远远落后于竞争对手爱酷腾；<br>3. 芒果超媒在用户运营、宣传等很多方面还不够成熟，其会员数量仅为爱酷腾的十分之一，市场占有率低，整体业务下滑态势。 |
| **机遇 O** | **挑战 T** |
| 1. 随着国家“一带一路”的推进，芒果超媒有机会成为文化产业领域的急先锋，抢占“一带一路”建设的发展机遇；<br>2. 节目内容，主题明确，定位精准，“年轻”“女性”构成了芒果传媒的用户标签，使得平台树立了青春、都市、女性的典型形象，年轻女性用户对平台忠诚度更高，且消费意愿与消费能力强，潜力巨大。 | 1. 芒果超媒在内容制作上主打“青春 + 女性”，内容广度不如优酷、腾讯、爱奇艺，用户数量相对有限，如何打造王牌产品，持续地吸引流量，是一大挑战；<br>2. “限娱令”等政策的出台，对以综艺娱乐擅长的芒果超媒带来较大的负面影响；政策风险已经成为芒果超媒的较大威胁，面临巨大转型压力。 |

### 3. 公司发展历程

快乐购 2006 年开播后，曾为湖南广电贡献三分之一的营收，然而随着互联网冲击、同业竞争加剧，以及消费市场升级的影响，快乐购在上市后业绩逐渐下滑，快乐购意识到了电商带来的冲击，在电商业务上也开始了探索。2018 上半年，快乐购以发行股份的方式，作价 115.5 亿元人民币收购快乐阳光、天娱传媒、芒果影视、芒果娱乐和芒果互娱等 5 家公司，完成资产重组。同时，快乐购公司证券简称由“快乐购”变更为“芒果超媒”。2019 年 5 月中国移动入股芒果超媒，2020 年 11 月，阿里入股芒果超媒，2021 年 9 月，阿里将股份转让给湖南财信精果，由此，湖南广电全资持有的芒果传媒成为芒果超媒第一大股东，中国移动全资子公司中移资本成为芒果超媒第二大股东，湖南财信精果成为公司第三大股东。

经公司的一系列重新布局之后，快乐购（芒果超媒）从 2017 年开始快速发展，营业总收入与净利率屡创新高，根据快乐购公布全年财报数据显示，2020 年，快乐购营收达 140.06 亿元，较 2019 年同期的 125.01 亿元上涨 12.04%；净利润达 19.82 亿元，相比 2019 年同期的 11.56 亿元大涨 71.42%。2021 年，公司实现营收 153.6 亿元，同比增长 9.64%；归母净利润 21.14 亿元，同比增长 6.66%。

### 4. 经营现状

芒果传媒通过互联网视频平台、IPTV 等多种传播渠道，整合丰富的视频及电子商务业链资源，协同综艺、娱乐、音乐等众多内容制作及运营主体，打造广告、会员付费、内容制作与分销以及视频电商等多种盈利模式，形成集新媒体平台、互联网信息及电商服务等在内的传媒全产业链布局，成为中国在线视频领域唯一实现规模化盈利的企业。

根据 2020 年财报显示，芒果超媒全年实现营业收入 140.06 亿元，较 2019 年同比增长 12.04%；净利润金额为 21.14 亿元，同比大幅增长 71.42%。相比仍处于巨额亏损中的“爱优腾”，芒果超媒的业绩可谓十分亮眼。

从营收构成上看，芒果超媒主营收入分为芒果 TV 互联网视频业务、互动娱乐内容制作与运营和内容电商三部分，芒果 TV 互联网视频业务收入占比 73.33%，新媒体互动娱乐内容制作占 12.23%，内容电商收入占比为 14.05%。

## （二）典型做法

快乐购从电视购物起步，实施从聚焦大屏转型聚焦用户的整体策略，凭借内容优势 + 强大的 IP 引爆产品能力，逐步整合电视购物、网络购物、外呼购物为一体的三屏互动整营销平台，重建移动端小屏用户的供应链及营销体系，在业内率先提出媒体零售概念并实践这一新的电商模式。目前，快乐购在电商板块的业务主要有（来源：快乐购企业官网）：

### 1. 从事电视购物与数据营销

虽然电视购物已经式微，但过去整合、积累的供应链以及沉淀下来的会员信息是重要的企业资产，快乐购对一千多万名的会员信息进行大数据挖掘，并由专业团队来进行会员追踪服务，实现价值挖掘与变现。

### 2. 从事移动电商与内容电商

快乐购推出手机购物 App、狗小二公众号，App 累计下载量在 2019 年达到 418 万人次；公司依托《我是大美人》王牌节目，打造国内第一个美妆直播视频社交电商平台。2016 年，快乐购与天猫开始第一次合作，围绕美妆类产品展开；《我是大美人》不但借同名 App 积累了美妆产品手机直播的成功经验，而且还形成了成熟的专业内容制作、推广体系。与此同时，快乐购整合湖南电视台的明星资源来直播带货，这一系列布局，让快乐购率先走出大屏，走进小屏的尝试，业绩屡创新高。

### 3. 从事汽车电商

在 2015 年火热的 O2O 概念下，快乐购与国内最大汽车电商汽车之家合资成立“芒果汽车”，进军汽车电商领域，打造线下的汽车体验中心，2019 年年产值规模达到 4.6 亿元。

总的而言，快乐购依托湖南广电的优势平台，借助资本市场的力量旨在实现四个重大跨越：从产品消费转向服务消费；从平台战略升级到品牌战略；从媒体零售迈向时尚产业；将快乐购打造成为“中国最具价值的整合媒体零售平台”，实践“视频 + 内容 + 电商”的全新视频内容电商模式。

### （三）借鉴启示

快乐购的积极转型、提前布局，建立以“视频 + 内容 + 电商”为主的多渠道多业务的芒果新业态，有颇多值得借鉴之处。

#### 1. 善用资源优势，深度经营和挖掘

芒果超媒 2021 年 1 月份推出名为“小芒电商”App。它区别于其他电商平台的一大特点，是基于芒果台的长视频内容优势，与综艺节目明服饰关联——首页推荐综艺节目中出现的“明星同款”。同时，在长沙开设“芒果 M-CITY”线下网红密室，并在电商平台中开辟“密室逃脱专区”，供用户预订附近密室，以期线下引流与线上消费融会贯通。这成为芒果重振内容电商板块的一大亮点。

#### 2. 寻找多元化盈利模式，实现电商变现。

快乐购的本地化生活服务，主要选择两个细分领域：房地产行业与汽车行业。在房地产行业，芒果已经延伸到卖房领域，通过私域经营将卖方、装修整个链路渗透进去，用服务赢得口碑，实现整体价值链更大的延长。快乐购与湖南地产的合作，一个小时的直播吸引 12 万名观众在线观看。

同时，快乐购公司选择与汽车之家合资成立芒果汽车，进军汽车电商，打造“宜家”式快乐购车体验。一方面，芒果汽车把频道节目放在网络电视上呈现；另一方面，联系快乐购的淘宝账号进行大小屏媒体联动，大屏解决细节展现问题，小屏解决交互问题。2021 年“6.18”日快乐购承接的长城主办的超级宠粉节，邀请明星站台直播，芒果卫视主持人做晚会的直播，最终全平台累计观看量 1037.8 万人次，带动长城汽车 21373 整车销售，达到几十亿元的销售规模。

#### 3. 利用多种服务，设计服务方式

快乐购会员中心通过顾客订购大数据分析，针对不同订购内容设计不同的短信和微信、电话、社群等服务方式，实现“不见面也能服务好”的效果，确保用户不退单。

快乐购的直播形式更加多元化，还增加了社群直播、淘 Live 直播和手机直播。通过社群经营模式的开拓，多渠道触达用户，快乐购的相关社群人数上升了 30%，社群内会员的活跃度提升显著。

#### 4. 线上线下同步协作，面对疫情灵活调整业务重心

由于疫情影响，2020 年第一季度，快乐购（芒果超媒）销售下滑，商品妥投率下降，许多订单延后交付，对用户体验和公司业绩都产生不利影响。鉴于此种情形，公司采取线上线下同步协作的方式，制定商品调整方案，同步联动供应商在库数据，及时调拨商品库存，以确保公司运营顺利进行。同时，将商品重心调整为民生应急商品、消毒杀菌商品、生鲜时蔬商品，依托供应链优势，筹建赈灾物资快速流转的供应链平台。快乐购还开发专门的公益数据仓，对赈灾物资进行数据管理，确保对疫情能迅速响应。

## 三、湖南惠农科技有限公司

### （一）公司概况

#### 1. 公司简介

湖南惠农科技有限公司成立于 2013 年，当时 64 岁的姜仕不顾家人朋友的不理解，几乎倾注全部身家，先后投资数亿元，毅然创办农业 B2B 电商平台——惠农网，执着地为中国八亿农民提供农业电子商务服务，其创办的惠农网是国内优质的农业 B2B 产业互联网平台。目前，平台覆盖全国 2818 个县级行政区，用户超过 2500 万人，深度开展的农业产业链服务项目遍布全国 17 省超 60 个县域，在促进农产品出村进城和农村产业发展有着丰富的实操经验和标杆案例。

#### 2. SWOT 分析

湖南惠农科技创凭借自身优势及外部发展机遇，逐步发展成为国内农村电商的标杆企业，并积累了丰富的经验；但随着外部环境的变化，企业的不足也很明显，同时也面临各种挑战与风险，通过对企业自身优劣势及面临的机遇与挑战进行分

析，以便更好地规避风险，抓住发展机遇，克服不足，发挥优势，谋求新的发展。

表 7　湖南惠农科技有限公司 SWOT 分析

| 优势 S | 劣势 W |
|---|---|
| 1. 科技实力雄厚，通过大数据筛选市场信息，精准服务农业产业链；<br>2. 依托县域特色农业资源，立足湖南，辐射全国，覆盖面广，影响力大；<br>3. 建立线上线下互动融合的县域农产品上行服务体系，精准助力产业扶贫，切实实现了县域农产品买卖无忧，服务“三农”，助力乡村振兴。 | 1. 科技创新，技术更新快，投入加大，资金压力大；<br>2. 平台科技成果转化的主体是农民，农民吸纳和使用电商平台科技应用能力有限，推广受到一定限制；<br>3. 覆盖面广，服务人员数量大，同时需要更进一步扩大平台影响力和知名度，推广运营成本高。 |
| **机遇 O** | **挑战 T** |
| 1. 国家农村电商政策不断实施，惠农网与农业农村部信息中心就农产品电商数据定制服务达成合作，依托政策东风可以充分发挥自身农业 B2B 平台的优势；<br>2. 农村经济发展，网络的普及，观念的的改变，政府对农民技能培训的重视，促进了农村电商的发展，带来的发展机遇。 | 1. 村电商赛道竞争日趋激烈，保持竞争力面临各种挑战；<br>2. 由于部分地区务农人员电商技能水平较低、消费习惯根深蒂固，以及农户惯有的避险意识，导致农民对新科技缺乏主动性和积极性，甚至有排斥性，限制了平台的使用。 |

## （二）典型做法

惠农网最开始也是极其普通的农业电商网站，但是其从 2015 年中央提出精准扶贫开始和中央精神保持高度一致，在“互联网 +”背景下使其农业经济的模式特别是销售方面发生了巨大的改变。近年来国家号召要重视农村电商发展，惠农网依托政策东风充分借助自身农业 B2B 平台的优势，发挥各项特色服务助力农产品在线交易。

### 1. 提供县域电商服务

惠农网集合平台本身的人、才、流等各方面的优势资源和国内各采购资源，为县域电商的生态体系建设提供包括但不限于顶层设计、孵化器运营、农产品品牌打造、渠道建设等立体化、全方位服务。惠农网以全国电子商务进农村综合示范项目建设为契机，通过建立并指导运营县级电商公共服务中心及乡（镇）村电商服务站点、农产品品牌培育、农产品上行服务、供应链打造、农产品溯源体系建设、农村电商人才培训等方式，为县域电商生态体系建设及县域农产品上行提供“一揽子”解决方案，去打造农村电商新名片，来大力推动农村电商的可持续发展道路，以便于县域农业产业持续转型升级，助力农业精准扶贫、实现乡村振兴之路。

2. 提供农产品上行服务

惠农网依托县域特色农业资源、夯实产业发展基础，以市场需求为导向，以促进销售为目标，惠农网进行实地品控、整合产地优质资源，与生产端共同完善农产品标准化供应链，推动县域特色农产品生产实现标准化、规模化、商品化、品牌化、产业化。惠农网依托平台数百万采购商资源，通过举行产销对接会、网上采购节以及搭建县域“扶贫产业带”电商扶贫展销专区、社群营销等落地方式，建立线上线下互动融合的县域农产品上行服务体系，精准助力产业扶贫，切实提升产品销量，有效解决农产品因信息不对称而导致的难卖、贱卖问题。

比如，今年 8 月为加快推进湖南省黄桃产业发展，让“湖南黄桃”特色品牌闻名全国，惠农网在政府各部门的组织下联合其他各电商平台将来自炎陵、麻阳、新邵、中方、新宁、泸溪、沅陵、芷江、宁乡等湖南省九个主产区的精品桃类“同台竞技”，用优秀的品质为果农对接全国大市场。充分诠释了“消费扶贫”，一端连农户，一端接市场，致力于打破贫困地区农产品产供销之间的厚重壁垒，帮助克服农产品逐步走出深山的难题，助农户增收，合扶贫之力。各界都希望进一步推动优化产业链促黄桃产业的可持续发展之路。优质产品想要对接更广阔的市场，还需要优质渠道来助推。会上，湖南直播电商联盟发起了湖南黄桃直播助力动员。惠农网、快乐购、湖南创领、苏宁易购、京邦达物流科技、中国邮政集团、中国建设银行湖南分行等 13 家湖南直播电商联盟成员单位上台接受授牌，将采用直播帮扶等方式，拓宽湖南黄桃的销售半径。

#### 3. 助力中非贸易

据平台大数据显示，目前惠农网平台在售的产自非洲的农产品约 200 多种。2018 年至 2020 年，非洲农产品销量已连续两年实现大步增长，供应量年均增长 35.7%，成交订单量年均增长 438%。在各项订单当中禽畜肉蛋成交量最多，而水果最受国内采购欢迎，非洲柚子的订单占到了总订单量的 53.5%，其次是柑桔和橙子。而分析农产品的流向后发现其广泛流向全国 30 个省、291 个市（州），排名前三的分别是广东、湖南和浙江。

### （三）借鉴启示

通过惠农网的案例，我们可以看到电商在乡村振兴中大有可为，电商作为新兴业态是可以助力推广农产品的——通过开展产销对接、社区营销等新型模式帮助本地特色农产品走出自己的可持续发展之路。特别是自突发的疫情以来，线下实体经济遭到了前所未有的打击，农产品相较以往要流通起来更离不开电商的推广，借助短视频、直播领域的风口可以对农村、农民进行对口帮扶，加快乡村振兴的步伐。

长沙市可以通过政策扶持更多电商平台，让更多贫困地区紧缺的生产生活物资源源不断的流通进来，更可以把贫困地区的优质农产品和农副产品卖到了全国各地，促进了贫困群众的增收致富；更进一步的话，长沙市能通过互联网和农业深度合作，发展诸如网上农贸市场、数字农家乐等特色旅游产业，为长沙市“数商兴农”的道路奠定基础。

## 四、长沙咿呀实业有限公司

### （一）公司概况

#### 1. 公司简介

长沙咿呀实业有限公司（以下简称“咿呀实业”）成立于 1997 年，是一家主要经孕婴童用品的连锁企业，致力于传播科学的育儿理念，为顾客提供涵盖孕婴食品、纸品、用品、服饰、玩具、车床等高性价比的全品类母婴产品，同时为中国宝宝提供全套的育儿解决方案。

公司成立以来，积极开设直营店，并先后入驻友阿友货、家润多超市、通程控股、大洋百货等公司设立专柜。

随着电子商务的发展，2011年咿呀实业开始涉足电子商务，仅大半年的时间在淘宝C2C上尝试母婴用品销售业务，就取得了近700万元的骄人业绩，2014年咿呀实业开始把电子商务提升到公司战略发展层面，举全公司之力重点发展电子商务，2014年公司电子商务销售业绩迅猛发展突破1.4亿元，2017年销售额达到8个亿，占咿呀实业销售额25%。

2. SWOT 分析

通过对“互联网+”背景下的咿呀实业转型升级状况的调研，分析其优劣势以及面临的机遇与挑战，总结咿呀实业的典型做法，以期对制定咿呀实业电子商务转型升级发展战略，带来一些借鉴与启示。

表8　咿呀实业市场环境SWOT分析

| 优势S | 劣势W |
|---|---|
| 1. 专注孕婴童零售，目标客户定位精准，顾客需求相对不变；<br>2. 秉承“关爱妈妈，呵护宝宝”的经营理念，在国内拥有多家实体门店和分公司；<br>3. 建立了完善的管理机构和完整的供应链，并把电子商务提升到公司战略发展层面；<br>4. 线下连锁店有多年的运营经验，已形成驰名品牌，客户忠诚度较高。 | 1. 母婴产品属于消耗品，其黄金消费期在0~3岁，公司投入较高成本后引入消费者后，之后就会流失；<br>2. 公司在快速扩张过程中，没有对于渠道进行有效的监督和管理，容易影响品牌和质量；<br>3. 母婴电商供应链的整合复杂，与国外品牌商合作形成供应链需要更多的成本损失。 |
| **机遇O** | **挑战T** |
| 1. 国家三胎政策利好，有着比以往时期更大的市场空间；<br>2. 利用互联网思维和大数据技术提升新媒体营销力度，整合思域和公域流量，用更低的成本，获得更大效益；<br>3. 自媒体时代，为打造独具个性化的母婴电商平台提供机会。 | 1. 受新冠肺炎疫情影响，需要门店的服务模式和产品的创新升级，以提升顾客的服务体验<br>2. 母婴行业缺乏标准化，存在靠负毛利来占据市场的情况<br>3. 母婴竞争对手多，竞争激烈，面临产品价格战、服务质量提升、合作伙伴竞争等一系列挑战。 |

### 3. 公司发展历史

1997 年，咿呀实业在湖南长沙成立。

2011 年开始涉足电子商务。

2015 年有了社群营销模式。

2018 年正式开启新零售版块。

在 2019 年全公司 7.5 个亿的销售额中，社群、直播、朋友圈、微商城等线上渠道贡献了 20% 的份额，销售额达到 1.6 亿元。

经过 25 年的成长，目前拥有湖南分公司、广州分公司、厦门分公司、西藏分公司、妈咪之选电子商务公司等 5 家全资子公司，旗下实体门店 110 家、电子商务门店 6 家，拥有超百万 VIP 会员，销售规模近 10 个亿，零售业务遍布全国 20 多个省、自治区、直辖市。目前实体店经营面积达 50000 平方米，配送仓库面积达 15000 平方米，全集团超过 2000 名员工、品牌促销员为顾客提供优质服务。2020 年，疫情助推线上渠道业务持续增长，2020 年前 2 个月，线上渠道销售占比在 40%~60%，3 月至 4 月份额稳定在 40% 左右。

未来的咿呀实业将以经营商品自有品牌化、跨国产品直采国际化、跨境电子商务优质化、延伸服务个性化为主要发展方向，将高性价比的育婴产品、科学的育儿理念传递给更多妈宝和现代家庭。

### 4. 经营模式

咿呀实业建立了商圈店、社区店、商场店、商超店、医院店等不同类型的直营实体门店，同时开设了天猫、淘宝、京东、苏宁易购、京东拍拍微店、友阿特品汇、建行善融、亚马逊等国内知名第三方电商平台的电商品牌旗舰店，综合采用直营门店、商超专柜、电话购物、网络商城四大经营模式，以线上线下门店互通的全渠道经营模式服务咿呀实业所有会员，让会员享受到咿呀实业全方位门店购物的便捷。

### 5. 产品及服务

公司秉持“成长自己、满愿他人”的企业价值观，以“关爱妈妈 呵护宝宝”

之服务理念，为中国的妈宝们提供“最优质的服务、最性价比的商品，最贴心的关爱”。公司坚持不断研发和完善自有品牌，通过高品质、优价格的孕婴童用品品牌推广，赢得了妈宝粉丝们的信赖，“咿呀”零售品牌于2015年6月被国家工商总局（现国家市场监督管理总局）评定为“中国驰名商标”。

### （二）典型做法

1. 创新社交零售新模式

咿呀实业作为一家成立25年的老牌母婴零售商，在成立之初以布局新零售的企业，但在随着互联网的发展，电商必须与传统实体店行业相结合，必须开拓线上销售渠道。面对突如其来的新冠肺炎疫情让众多线下零售商陷入困境，也让母婴品牌前所未有地意识到线上营销、社交营销的重要性。经过近两年的开拓，咿呀实业目前拥有超百家直营门店和70余家加盟店，通过实现社交新零售模式，咿呀实业在行业萧条期间业务量却实现了逆势增长。

2. “社群 + 直播 +App”整合公域和私域流量

咿呀实业的社交新零售分为多个渠道：购物App、小程序、直播、社群营销等。在购物App和小程序上做到一店两化，即单店拥有线下店及线上店，线下做服务。咿呀实业在线下打造金牌导购IP化、社交化，提升用户黏度信任度，在线上则致力提升用户黏度。通过公域直播对外拉新，获取更多潜在母婴人群，回流至咿呀实业私域社群，社群内嫁接私域直播，私域直播化身为产品推广、用户深度教育及促活裂变的工具，以门店为背景的App架构，直播成交端链接着咿呀实业独立App；同时，客户因私域直播链接到了App进行下单，客户留存互动从单纯的社群 + 直播的两个维度，升级为社群 + 直播 +App三位一体地维护跟进了。并根据LBS定位进行门店服务分发，实现用户的多链条、多维度地跟踪开发。

3. 打造优秀的电商团队

团队力量是最核心因素，团队的组织结构及配置合理与否是对决策者智慧的考验。咿呀实业从很多的电商平台吸纳了很多电商人才，充分将内培和外引相结合，学习先进经验，发挥自身潜能，合理利用综合平台新电商和传统电商的优势，融合发展。咿呀实业一直致力于打造一个富有理想和激情的团队，充满着追求创新的进取精神和蓬勃向上的朝气， 以团队建设让公司始终走在全省乃至全国母婴行业的前沿，并致力于打造母婴行业的一流品牌。

4. 打造更高效率的零售体系

高效是社交新零售的本质，为打造更高效率的零售体系，一切以高效为核心，咿呀实业不仅仅提升内部管理的高效，更是致力于提升对用户在服务体验上的高效，围绕更快搜索到产品，更快地获取到产品，更快体验到服务等，从而抓住社交新零售的核心和社交的本质。做到了基于自身基因去拥抱社交新零售，分得电子商务竞争的一杯羹。

5. 做足用户消费体验

疫情倒逼咿呀实业的社交新零售战略有了新的突破，其一是直播模式从单一总部直播变身成门店矩阵直播，总部、区域、门店有安排有节奏地推出导流类、教育类、活动推广类直播，全方位触达客户。其二是在营销推广上，上线“十点吉市”线上运营平台，线上线下联动销售；上线分销机制，提倡人人都是销售员；推出线上 App，满足消费者足不出户、一站式购物的需求。

## （三）借鉴启示

适者生存,不适者淘汰。电商企业要想在日趋激烈的市场竞争中立于不败之地，获得可持续发展，就必须改变陈旧的观念，勇于改革创新。历经 25 年的发展，咿呀实业从一个小小的零售区域性母婴实体店，成就为湖南领先的新零售母婴品牌，有很多值得借鉴的经验和做法。

1. 始终坚持以消费者为中心

公司经营的中心由货品转移至消费者，进入以消费需求为中心的第五时期。在此阶段，咿呀实业的经营主要是围绕客户的需求变化进行人、货、场的调整，开展社群营销、新零售一对一营销、深度开展线下聚会，开展 face to face 板块、打造全面升级消费型展会等。

2. 致力信息化数字建设

在全力提效、提质的数据时代，咿呀实业高度注重信息化建设，以信息化为抓手，建成21个新系统全面上线的销售平台，将前、中、后台全面打通，行至当下，催生了分销模式、直营合伙人模式、众筹模式等，咿呀实业打造了“全民赚钱”的线上平台，推进人类真正进入了一个全民参与、全民老板的发展时期。

3. 联动发展线上线下

咿呀实业审时度势，正在进一步从全民分销、合伙人、下沉市场拓展、线上商城四个方面来进行经营：向包括员工、普通消费者在内的所有人群提供销售分红，通过“十点吉市”的推广，分销者可以得到一定比例的销售提成，鼓励人群进行社交分享；合伙人上，开展直营式合伙，即在咿呀实业的直营体系下，优秀门店管理者可进一步成为合伙人，共享公司红利；下沉市场方面，将更多注意力投向三、四线城市，避免大城市高昂的成本压力；线上商城方面，加强建设“十点吉市”自有平台，保持和扩大当前的消费者群体，做到线上线下互动发展。

4. 务实求真敢于创新

在咿呀实业走过的25年中，中国零售产业发生了巨大的变化。母婴零售行业也从单纯卖货、拓展分销阶段逐渐发展到了关注线上、服务竞争的阶段。纵观咿呀实业母婴零售，可以细分为7个时期：第一个时期是货品时期，在这个早期阶段，咿呀实业主要经营200平方米社区直营店，500平方米商场模式店，以商品为中心，重点是“把货卖出去”；第二个时期是分销阶段，此时的咿呀实业以代理品牌并拓展更多的渠道商；第三阶段是快速拓展阶段，站稳市场后，借助规模效应，扩大公司影响力，势力范围拓展至广州、厦门、西藏；2011年，咿呀实业的零售经营进入第四个时期，即流量时期，凭借线上流量思维，先开设淘宝、京东、天猫店铺。接着，公司经营的中心由货品转移至消费者，进入以消费需求为中心的第五时期；在新零售营销取得一定成果后，咿呀实业的门店零售进入信息化的第六时期。

咿呀实业品牌立足湖南，致力于区域领先，密集式的布点使公司经营规模逐渐扩大，业绩不断刷新，消费影响力市场美誉度核心竞争力不断提高。今天的咿呀实业拥有湖南、广州、西藏拥有三家分公司、近 100 家直营店；拥有近 2000 名员工组建的乐观敬业的优秀营销团队；拥有独立的注册商标和 VI 系统；拥有强大的品牌宣传推广渠道；拥有直营门店、商超专柜、电话购物、网络商城四大经营模式；拥有完善的内部运营机制及规范的操作流程。

在日益激烈的市场竞争和疫情常态化下，电商新零售的发展面临着诸多的挑战。当然正是因为前行道路中有坎坷和困境，才逼迫锐意改革，早谋划，早布局，逆势上扬铺就了一条适应新时代竞争的电商之路。对咿呀实业（或者是电商新零售企业）而言，未来依旧任重而道远，但唯有坚持顾客至上才是真理。咿呀奋斗已过 25 年，我们期待未来咿呀实业新零售电商更加辉煌，为消费者带来更优质的实惠和体验。

## 五、安克创新科技股份有限公司

### （一）公司概况

#### 1. 公司简介

安克创新科技股份有限公司（原湖南海翼电子商务股份有限公司，以下称“安克创新”）成立于 2011 年，总部位于湖南省长沙市。公司主要业务为智能硬件及消费电子产品智能配件的设计、研发和销售，是国内营收规模最大的全球化消费电子品牌企业之一，专注于智能配件和智能硬件的设计、研发和销售。企业业务从线上起步，主要销售渠道为 Amazn、eBay、天猫、京东等海内外线上平台，在亚马逊等境外大型电商平台上占据领先的行业市场份额，拥有很高的知名度和美誉度；同时在北美、欧洲、日本和中东等发达国家和地区，通过与沃尔玛、百思买以及贸易商合作，线下收入增长快速。

#### 2. SWOT 分析

安克创新科技股份有限公司历经近 10 年的发展，既有明显的比较优势，也存在一些不足，发展过程中，机遇与挑战并存，现对其进行自身的优劣势分析和外部发展机遇与挑战分析，以便在变化的环境中，制订新的对策，谋求更好的发展。

表9 安克创新科技股份有限公司SWOT分析

| 优势 S | 劣势 W |
| --- | --- |
| 1. 打造了自有品牌，积累了丰富的研发、运营、管理经验，拥有成熟的管理团队和人才梯队；<br>2. 科研实力雄厚。全球范围内取得56件发明专利、238件实用新型专利和412件外观专利授权；<br>3. 产品种类丰富，已超过1000种，市场覆盖率较高；<br>4. 销售区域广，公司境外销售业务已覆盖北美、欧洲、日本等国家和地区；<br>5. 精品模式盈利能力强，毛利率、净利率远高于泛品模式。 | 1. 安克创新自营网站、打造自有品牌，建设投入多，运营成本高，利润较低；<br>2. 安克创新科技创新、产品的研发投入大，可能短期内无法完成成果转换，风险高；<br>3. 随着公司规模迅速扩张，管理人员数量增幅较大，管理难度大，成本高；<br>4. 产品品类多，推广难度大，单品市场占有率低；<br>5. 安克创新在国内品牌知名度低，品牌影响力小，客户资源有限，从而使得企业发展受到制约。 |
| **机遇 O** | **挑战 T** |
| 1. 国家政策鼓励出口模式创新，“一带一路”发展战略，为安克创新释放了政策红利；<br>2. 新冠肺炎疫情给跨境出口B2C电商带来了新的发展机遇，安克创新科技股份有限公司逆势发展势头迅猛；<br>3. 消费电子产业爆发，利好3C电子产品跨境电商。 | 1.全球经济面临主要经济体贸易政策变动、局部经济环境恶化，全球贸易摩擦的带来了经营风险；<br>2. 安克创新作为消费电子品类跨境出口的电商领军者，面临同行其他企业的夹击；<br>3. 净利润有下滑趋势，安克创新充电类产品营收下降，新业务未止住净利润下跌。 |

3. 经营现状

安克创新致力于在全球市场塑造中国消费电子品牌，通过不断创新，将富有科技魅力的领先产品带向全球消费者，弘扬中国智造之美。成功打造了智能充电品牌Anker，并相继推出Soundcore、eufy、Nebula等自主品牌，进一步拓宽业务领域，在AloT、智能家居、智能声学、智能安防等领域均有出色表现，拥有全球100多个国家与地区超1亿用户。

2020年安克创新总资产为69.8亿元人民币，相比2019年增长了39.7亿元，同比增长131.89%；净资产为54.0亿万元，相比2019年增长了34.3亿元，同比增长174.11%。2020年安克创新营业收入为93.5亿元，相比2019年增长了27.0亿元，同比增长 246.30%。

按产品分类来看，2020 年安克创新主营业务总收入为 93.52 亿元，主营业务总成本为 52.34 亿元，其中：充电类产品实现营业收入为 41.44 亿元，营业成本为 23.01 亿元；智能创新类产品实现营业收入 30.59 亿元，营业成本为 16.83 亿元；无线音频类产品实现营业收入为 21.21 亿元，营业成本为 12.50 亿元；其他实现营业收入为 0.28 亿元。

### （二）典型做法

#### 1. 打造自有品牌

国内跨境电商行业起步之初以买手模式为主，普遍通过电商平台销售无品牌的低价商品，导致“中国制造”在海外被冠上“低质低价”的标签。在手机配件行业，国外用户购买时习惯性地选择原装配件或老牌产品，这些产品的价格往往在 100 美元以上。而此时，大量低价的配件产品因质量没有保障而无法打开市场。

基于此，安克创新创立自主中高端品牌“Anker”，定位在价格适中、质量可靠的智能硬件产品，靠性价比吸引消费者，并通过跨境电商平台销售的同时培育品牌知名度。为通过产品品质树立品牌形象，安克创新选择了具备高增长空间的细分品类起步，做精充电类几十款产品的品质和功能，并通过自建团队为消费者提供 18 个月的售后保障，以提供更优的产品服务和用户体验。

#### 2. 提升用户体验

为了将产品核心竞争力最大化，安克创新大力度投入研发团队建设，通过产品的持续创新提升用户体验。

截至 2021 年 6 月 30 日，安克创新共有员工 3010 名，其中研发人员 1277 名，占总人数的 42.43%。2019 年、2020 年和 2021 年上半年，安克创新研发投入占营业收入比例分别为 5.92%、6.07% 和 5.85%。2021 年上半年，安克创新研发费用达 3.26 亿元，同比增长 38.55%；市场推广费达 3.82 亿元，同比增长 110.42%。

截至 2021 年 6 月 30 日，安克创新在全球范围内已取得 56 件发明专利、238 件实用新型专利和 412 件外观专利授权，并有多项专利正在申请中。安克创新表示，未来，该公司将持续加大研发方面的投入，巩固并提升技术研发优势。

安克创新在深圳设立了研发中心（PDC），将企业的大部分利润投入研发创新，经过 5 年的研发投入和人才培养，研发团队人员已超过 500 人，占总员工数的 52.41%，

为提高用户体验，安克创新根据海外亚马逊网站的用户评论，针对用户的不同需求进行产品改进升级，必要时会和海外核心用户进行讨论，听取意见后，确定产品在硬件设计、软件设计以及交互等各方面细节。如安克创新通过实地用户调研，了解到用户在车内环境对通讯、娱乐、导航的需求，与亚马逊的 Alexa 团队一起合作，设计研发智能车载充电器 Roav Viva，实现了 Alexa 通讯功能，成为亚马逊平台销售量第一的车载智能语音设备。

3. 布局全渠道销售

安克创新创立之初主要基于亚马逊平台拓展欧美市场，随即在 eBay、速卖通等全球八大主力跨境电商平台开设了站点，多平台开拓线上渠道。同时，安克创新自主运营 Anker 品牌全球官网，支持 8 种语言访问，目前拥有超过 700 万注册用户，日均访问量 30 万人次，访问用户来自 200 多个国家。

公司从亚马逊起家，利用亚马逊、eBay 等主流第三方平台优势迅速发展 B2C 线上业务，线上业务快速增长。除了线上渠道的优势外，公司也在积极拓展线下销售渠道，力求打造线上线下协同配合的综合型跨境电商。公司线下客户包括连锁卖场和超市、区域性贸易商以及电公司从亚马逊起家，利用亚马逊、eBay 等主流第三方平台优势迅速发展 B2C 线上业务，线上业务快速增长。除了线上渠道的优势外，公司也在积极拓展线下销售渠道，力求打造线上线下协同配合的综合型跨境电商。公司线下客户包括连锁卖场和超市、区域性贸易商以及电信运营商。当前，安克创新线上与线下市场的营收占比接近 7∶3，分区域来看，公司产品主要销往北美、欧洲、日本三大地区，其销售额占营收比重分别为 56%、17% 和 13%（2019 年）。从渠道来看，不断开拓线下业务的安克创新更能抵抗经营风险。未来安克创新线上与线下市场的营收占比有望实现 1∶1 的局面，线上线下渠道的协同发展，正成为安克创新品牌在全球成长的重要推力。

### （三）借鉴启示

1. 精准定位产品，打造自有品牌

数字化时代，企业的机遇与挑战并存。数字化时代，谁能在第一时间精准地找到自己的定位，依据定位对市场需求最快速地做出应对，打造出个性化、差异化产品，谁就能成为赢家，迅速准确的占领市场。精准定位、快速反应、打造自有品牌是公司在激烈的市场竞争中立于不败之地的制胜法宝。

2. 坚持研发创新，提升用户体验

坚持研发，坚持创新，在瞬息万变的市场中紧抓机遇，自我审视、自我挑战、创新产品，建立健全和完善服务体系，保障服务效率，不断地提升客户满意度。不断地强化服务思想、不断地优化服务流程，让更多客户深刻地感受研发创新带来的方便和实惠。

3. 线上线下双向拓展，布局全渠道运营管理

全渠道销售系统涉及企业线上和线下运营的所有渠道。企业通过对接 PC 端、移动端和门店端，实现真正的线上线下双向数据互通，从而实现全渠道的客户、商品、营销、订单、服务为主的多项数据的无缝式对接，从而更全面、更精准地布局企业全渠道的运营管理，提供企业创新发展的数据，为客户提供全新的购物体验，从而为企业创造更高价值。全渠道运营管理可以助力企业构建全渠道、全客群、全品类、全业态、全时段的商业体系。

## 六、湖南盘子女人坊文化科技股份有限公司

### （一）公司概况

1. 公司简介

盘子女人坊集团是一家以中国风艺术体验为特色的综合型文化产业机构，已形成摄影摄像、文化传播、产品设计研发、服装制作及相关服务为主业的“五业

并举、多元发展”格局。集团始创于 2003 年，十六年的发展使集团形成了自己独特的产业结构和规模，更在越来越大的范围内展示自己的独特魅力，实现了传统美学与商业的深度融合。

盘子女人坊是一个艺术写真摄影服务平台，旗下拥有盘小宝及风绫儿等自主品牌，主要面向女性及儿童消费群体，以中国风为主题，为用户提供艺术写真摄影服务,用户可通过微信公众号等渠道进行预约。商品服务主要包括数字成像服务；为艺术家提供模特；娱乐；电影制作；节目制作；就业指导（教育或培训顾问）；录像带制作；录像剪辑；摄影；书籍出版。

2. SWOT 分析

依据对“互联网 +”背景下的盘子女人坊转型升级状况的调研结果，深入分析其优势与劣势以及面临的机遇与挑战；总结盘子女人坊的典型做法，以期为制定盘子女人坊电子商务转型升级发展战略，带来一些借鉴与启示。

表 10　盘子女人坊 SWOT 分析

| 优势 S | 劣势 W |
| --- | --- |
| 1. 专注古风摄像，专业特色鲜明，为消费者提供具有中国文化特色的个性摄影；<br>2. 秉承“原创”摄影理念，在国内拥有多家直营店和技术加盟店；<br>3. 建立了完善的产业链，并拥有多个子品牌；<br>4. 定位时尚、经典、高贵，将经典艺术与现代时尚糅合，品牌知名度高，粉丝基础良好。 | 1. 目标客户定位为中、高端女性顾客，年龄大约是 20 至 40 岁，顾客需求容易发生变化；<br>2. 企业快速扩张，渠道监督和管理不到位，导致其品牌和品质略有下降；<br>3. 联合热门影视 IP，明星代言、古装剧的授权等，广告投入成本较高；<br>4. 产品高端化、个性化、定制化与难以与客户需求的匹配度保持一致。 |
| **机遇 O** | **挑战 T** |
| 1. 利用粉丝营销，打造热门 IP，占据用户心智，获取流量；<br>2. 通过数字营销以，准确获取客户资源利用互联网的思维和技术手段，打造线上线下渠道，用更低的成本和更高的效率获客；<br>3. 互联网技术使销售、广告、服务等传统营销环节更加迅速。 | 1. 给顾客持续的新鲜感，产品研发，需要大量研发资金投入；<br>2. 受新冠肺炎疫情影响，门店经营业绩受影响；<br>3. 品牌加盟商及直营店数量扩展，导致一系列管理问题；<br>4. 面临竞争对手的低价策略、服务升级等一系列挑战。 |

## （二）典型做法

### 1. 主攻热门 IP 古风摄影，以差异化、品质化的 IP 系列摄影产品赢得用户

在欧式写真风靡的摄影市场上，盘子女人坊开创了古风摄影的先河。为了抢占流量高地，盘子女人坊一直坚持与热门影视剧 IP 及游戏 IP 授权合作，再加上摄影逐渐平民化，盘子女人坊才得以在摄影市场上取得较好影响。盘子女人坊之所以能够高速发展，主要是利用影视剧、网络游戏等热门 IP，主攻古风摄影，实现差异化营销。

盘子女人坊获取了《三生三世十里桃花》的独家版权，客户可以拍摄女主“白浅”的同款照片，让盘子女人坊出圈。此后盘子女人坊拥有《延禧攻略》《知否知否应是绿肥红瘦》《九州海上牧云记》《扶摇》《神探蒲松龄》《独孤天下》《海上牧云记》等多部影视剧的官方授权，盘子女人坊还与腾讯旗下网游《王者荣耀》进行合作，并邀约知名女星张天爱等人，通过摄影的方式对《王者荣耀》的经典英雄及皮肤进行不同风格的演绎。

### 2. 重点发力朋友圈广告，全渠道互联网数字营销

盘子女人坊特别注重数字营销，而营销的主要方式也是以微信朋友圈、微博、抖音等应用为主，利用了消费者碎片化的时间进行宣传和营销，同时很多女性喜欢通过发朋友圈来进行社交。商家也很好地利用了这一点，所以在朋友圈经常可以看到类似于“寻找在某某城市的 100 位小姐姐拍写真”“XX 星座的女生免费拍照”这样的广告，吸引用户群体能够参与企业的营销活动。

近年来盘子女人坊的在微信、微博、抖音等应用的广告投放取得较好的营销效果，朋友圈广告潜客留资质量很高，而且还能提供很好的销售线索。获取潜在用户之后，盘子女人坊借助微信小程序、企业微信建立起铁粉群，实现新用户转化与老用户留存。

### 3. 利用粉丝经济，深度捆绑热门影视及明星

盘子女人坊在古装摄影领域深耕细作多年，深知粉丝经济的红利，通过拉拢庞大消费群体的作为粉丝，利用粉丝相互传导的方式，达到营销的目的。盘子女

人坊采取“火爆影视IP+明星助阵”的策略，通过获取《延禧攻略》《有翡》《三生三世十里桃花》《知否》等古装剧的官方授权，打造相应的拍摄场景和供应古装服饰，并为诸多著名影星量身定制，迅速拉动粉丝经济，分享流量红利。

## （三）借鉴启示

### 1. 精准投放广告，匹配客户需求

盘子女人坊为了获取有效的销售线索，通过视频广告的手段，在QQ空间、QQ看点、QQ浏览器进行推广，通过腾讯广告标签体系，对用户进行精准筛选优化，并通过“定向+文案+素材+落地页”完成高度匹配。精准定位高端消费能力的目标人群，官方统计最终客资有效率57.00%、点击率3.19%、累计客资190组。

腾讯广告《2020写真消费人群洞察报告》也显示，微信朋友圈成为用户最常看到写真广告的场景，在30岁以下用户和30岁以上用户中，分别有52%和61%的用户通过微信朋友圈接触到写真广告，在所有广告接触渠道中高居第一。

### 2. 利用新媒体平台，寻找客户资源

盘子女人坊也频繁出现在QQ、腾讯新闻、腾讯视频、抖音、微博等众多平台上，积极获得客户资源。通过收集销售线索，在QQ购物号中选择用户购物意愿与属性更强、消费频次较高的QQ购物号投放广告。每3天向用户推送一次消息，同时投放“点击穿越”“获取报价”“更多类型”3个标签，落地页采取设置选项的形式收集用户意向信息等，最终的效果数据为广告点击率4.71%、日客资量80至100个、客资有效率提升40%。

目前盘子女人坊已形成自己的账号矩阵，多个公众号、小程序、企业微信共同发力，除了线下的拍摄和准备工作外，其他都能在线上完成。分别注册了相应微信公众号平台，主要有“盘子女人坊官方”“盘子女人坊写真”“盘子女人坊古风写真摄影”“盘子女人坊古风摄影旗舰店”，还有地域性官方公众号。

### 3. 注重产品服务，不断优化用户体验

对于摄影行业来说，产品服务是第一位。盘子女人坊自发展以来非常注重优

化用户体验。盘子女人坊的服务将升级为“百万质保服务”“零投诉计划”及“电子化签约”三个维度，为顾客提供更优质、标准化的服务。

目前，经过不懈努力，国风摄影品牌“盘子女人坊”于2020年底完成了挑战者资本的亿元融资，资金主要用于客户服务体验升级及盘子女人坊汉服产业链优化。2020年7月，湖南省证监局公布了《关于湖南盘子女人坊文化科技股份有限公司首次公开发行股票并上市辅导备案情况的公告》，辅导机构为中信证券股份有限公司，公司也出现在了拟上市（挂牌）上市企业名单中，如果IP筹备顺利，盘子女人坊将成“影楼第一股”。

2021年07月20日，企业荣获“2020年湖南省重信用顾客满意百强品牌”和“2020年湖南省顾客满意度调查满意单位”。截至目前，全国有近40多家直营旗舰店、200家品牌授权加盟店，1500套自主研发的拍摄主题，拥有1000多以上的主题版权，服务超200万客户，累计客片3.9亿张。

## 七、兴盛社区网络服务股份有限公司

### （一）公司概况

#### 1. 公司简介

2009年兴盛社区网络服务股份有限公司（以下简称“兴盛”）成立，目前是湖南省连锁经营协会、长沙市零售商业行业协会、湖南省物流与采购联合会的副会长单位。公司着力构建社区网络服务生态系统，通过建立和客户加盟兴盛社区便利超市，服务于社区居民，对客户实行B2B的配送服务。兴盛的三大使命是“赋能上游、服务门店、提升伙伴”，兴盛的企业愿景是打造服务门店的最优平台，希望通过发挥平台的优势，发挥创新引领作用，通过进一步整合社会资源，提升各门店的核心竞争力，为城市居民提供更优质的服务。

据兴盛资料显示，截至2020年末，兴盛的业务已经扩展至全国16个省市的80多个地级城市以及400多个县级城市，已经在各地构建18000多家社区超市。

兴盛积极落实国家“大众创业、万众创新”的国家战略，到2020年止，兴盛为社会提供创业岗位五万多个，为全国八千多万名的城市居民提供了便利的服务。兴盛的发展借助于这些年积累起来的、发展成熟的B2B大数据平台，更为扁平的供应链减少了流通过程中的中间环节，极大地减少了进货成本，构建了“厂商、店家、消费者”三者利益互惠共享的商业模式，目前兴盛已经发展成为配送服务网点广、同行业加盟扩展速度快、全国连锁便利超市加盟店最多的社区网络服务企业。

兴盛先后获得国家电子商务示范企业、湖南省电子商务示范企业、湖南省电子商务100强、湖南省移动互联网重点企业、B2B产业互联网百强、零售行业“经营诚信”单位。2020年获得湖南省十大影响力品牌、2020年度湖南最具投资价值品牌称号。

### 2. SWOT分析

兴盛社区网络服务股份有限公司是湖南省电子商务示范企业、湖南省电子商务100强，其优势明显，发展机遇良好，同时也存在不足，面临各种挑战，现对企业自身优劣势及外部环境的发展机遇、挑战进行深入分析，以便制定更好的发展战略。

表11　兴盛社区网络服务SWOT分析

| 优势S | 劣势W |
| --- | --- |
| 1. 拥有较为完善的社区生态系统，店在家门口，比较贴近消费者，方便顾客随时进店消费，满足消费者的便利性需求；<br>2. 公司属于国家高新技术企业，是国家、省电子商务示范企业，拥有多年零售服务经验；<br>3. 供应链扁平，流通环节少，运营成本低；<br>4. 物流体系较为完善，配送效率高，提升了顾客的购物体验感受。 | 1. 品牌优势不明显，消费者的选择性比较多，很难对品牌形成忠诚效应，客户群体稳定性差；<br>2. 以湖南本土市场为主，只占据地区优势，无法辐射全国市场，市场范围有限；<br>3. 供应商数量多，监管难度大，监管体制机制不够健全，导致某些产品质量没有保障，降低客户满意度，影响声誉；<br>3. 外包物流，物流合作管理难度大。 |
| **机遇O** | **挑战T** |
| 1. 下沉市场的布局，兴盛已经进入1052个县级市、4904个乡镇和37151个村，相比一、二线市场，更关注下沉市场的发展；<br>2. 大数据、云POS终端系统，有利于及时掌握销售数据、库存数据、把握销售流量，掌握消费者的购买行为，精准识别和洞察用户需求。 | 1. 巨头加入，加剧竞争。随着大牌加入社区电商行业，加剧市场竞争，兴盛压力随之增加；<br>2. 全球经济衰退对整个市场的负面影响加剧，消费需求下降，市场缩水，疫情防控对物流配送的影响，并且伴有配送损耗风险。 |

### 3. 公司发展历程

2009 年：兴盛社区网络服务股份有限公司成立。

2010 年：湖北、江西市场全面开发；直营模式建立，门店数达 850 家。

2011 年：门店 POS 系统升级，门店数突破 1300 家；获得长沙市食品经销商会常务理事单位；获得湖南省食品行业联合会流通分会副会长单位。

2012 年：开发浙江、江苏、安徽区域；门店数 2100 多家。

2013 年：开发重庆、四川、北京、天津区域，门店数 3300 多家，网上订货平台启动；获评湖南省工商行政管理学会会员单位；获评食品安全声誉监测示范单位。

2014 年：全面打造 B2B 物流平台模式；门店数 5300 多家。

2015 年：开发福建、陕西、上海、广西、河北区域，门店数 7800 多家，建立武汉 2 个仓库；获评湖南省连锁经营协会副会长单位；获评年度星云企业。

2016 年：开启纵向开发，门店数 10000 多家；获评新消费我做主诚信经营创建单位。

2017 年：门店数 11900 多家；获评 2017 中国 B2B 百强企业；芙蓉兴盛被授予湖南省著名商标；荣获 2017 年湖南省著名商标。

2018 年：门店数 13800 多家；获评长沙市零售商业行业协会授予精准扶贫先进单位；获评 B2B 行业协会 2018 年会员单位。

2019 年：门店数达 13800 家；获评中国连锁经营协会会员；获评湖南省跨境电子商务协会理事单位；荣获长沙零售行业协会颁发的主要起草单位牌匾。

2020 年：启动 IP 上市计划，全方位打造服务门店最优平台；门店数突破 17000 家；荣获 2020 年度湖南最具投资价值品牌；荣获 2020 年度湖南十大影响力品牌。

### 4. 2020 年公司业绩

兴盛优选是兴盛社区网络服务股份有限公司旗下的社区电商品牌（2017 年注册）。兴盛优选的核心商业模式是依托于在社区构建的实体兴盛便利店，通过兴盛优选线上平台来接受社区消费者的商品预定，然后在各便利店门店进行自提，所有的商品都是“今日下单，次日到店”，通过线上线下联动，使得消费者可以享受无忧的售后服务。兴盛优选服务于城市社区家庭消费者，为消费者提供刚需产品如蔬菜水果、肉禽、水产、日用百货、小家电等，解决了社区家庭消费者一日三餐的日常需求。

截至2020年末，兴盛优选的业务扩展至全国13个省份，161个地级市，938个县级市，4777个乡镇，31405个村。2020年度GMV（Grss Merchandise Vlume，网站成交金额）同比增长300%，进驻城镇和农村同比增长300%。2020年11月，兴盛优选日单超1200万，年销售额突破400亿。目前全国累计发展兴盛优选门店超过30万家，同时，保持着每周八千到一万家新店的增长速度。

## （二）典型做法

兴盛从2009年发展至今，从兴盛社区便利店到兴盛优选平台，从线下到线上，从长沙到全国各地，兴盛发展成功都离不开四点典型做法：

### 1. 打造电商企业文化

企业文化决定了公司的性质，是企业生存的根本所在。兴盛的品牌文化是“相信和帮助”，打造“一家有温度的社区电商”是企业的口号。兴盛秉承的“帮助”文化就是赋能社区便利门店，让门店在盈利以外，能够更好地服务于社区家庭消费者。兴盛坚持“以质取胜”的供货原则，确保产品质量，用责任和良心服务社会。兴盛还积极参与社会公益，参与电商扶贫项目，参与抗疫活动。

### 2. 培养电商人才

兴盛的蓬勃发展离不开人才。兴盛在人才培养上投入了大量的资源，从招聘人才，到培养人才，再到输送人才。从兴盛数据来看，兴盛会通过社会招聘和校招两个渠道招聘人才；除了专业的需求外，更为注重人才的品德修养、专业素质、责任心、问题解决能力，以及服务意识。兴盛加强与职业院校的合作，共同培养优秀人才，为企业持续的发展提供更具竞争优势的人才，目前，已经有多名优秀毕业生通过实习和培养被派送到湖南省以外的城市担当主管负责人。兴盛还决定和本地教育部直属重点大学合作，启动2020年毕业生校园招聘，为兴盛的技术发展寻找高级技术人才，为进一步发展提供人才支持。

3. 精准服务消费需求

一家电商企业的成功一定离不开消费者，充分了解消费者的需求，并通过调整企业战略和策略来满足消费者的消费需求是兴盛持续发展的另一关键动力。前期的兴盛以社区便利店的线下模式为社区家庭消费者提供生活消费品，但是由于门店空间有限，能够给消费者提供的产品也是有限的，这迫使消费者消耗更多的交通成本、精力成本去其他竞争企业进行消费。随着电商的发展，消费者从线下转移到线上消费，这更大程度上卷走了兴盛的顾客。借此机会，兴盛进行升级转型，从线下发展到线上。充分把握消费者的核心需求：高品低价，及时配送。利用兴盛成熟的供应链优势，将厂商、店家、消费者三者紧密地连接起来，实现了互惠互利。

4. 实施精细化管理

在电商行业竞争升级、在社区电商竞争加剧的市场环境下，作为元老级社区电商的兴盛还能够持续发力的关键动力就是兴盛的工匠精神。

首先，“做精”。兴盛用工匠精神打磨产品和服务。能够在激烈的竞争环境取胜绝对不是浮于表面的营销包装和轰炸式的促销活动，市场营销的核心始终是“产品”。能够经得起时间、消费者和市场检验的就是把产品和服务做得硬。兴盛把“商品做到极致永远都有未来”奉为发展信条，不断完善服务，不断完善和精细化产业链各个环节，使得产品做大做强，扛过了竞争对手的狙击。

其次，“做深”。为了更好地发展兴盛，不仅仅要将产品做到极致，还要考虑如何深挖行业的发展，更为深入才能保障兴盛在接下来的持续发展中具有持续的竞争优势。最后，控制发展速度。兴盛的发展速度目前是快速的，但是也是谨慎的。兴盛确保自己的发展速度跟上市场发展的速度，同时也兼顾资源的供给情况，避免了企业发展过快、步子迈太大导致管理跟不上的情况。以工匠精神打造新时代的连锁企业。

## （三）借鉴启示

兴盛取得的成绩和它的可持续发展，不是偶然为之，在兴盛把握了时代的机遇的时候，是因为它有着优秀的企业文化作为引领，坚守自己的使命，着眼长远的发展，始终坚持产品品质为王，服务为先，用工匠精神稳健地走好企业的每一步。芙蓉兴盛的成功很难复制，但是值得其他企业学习和借鉴。

## 八、湖南松桂坊电子商务公司

### （一）公司概况

#### 1. 公司背景

湖南松桂坊电子商务有限公司（以下简称“松桂坊”）的前身是凤凰县松桂坊民族食品开发有限责任公司，该公司位于长沙市麓谷高新区，于2013年6月正式挂牌成立，注册资金1000万元。公司在湘西拥有大型生猪示范化养殖场一个，100亩食品加工工厂，包括腌腊肉制品、熟食制品多条生产线，公司生产的传统腌制食品——“松桂坊”腊肉获得IS9001和HACPP认证，连续8年在全网同类商品销售中排名第一，可免验厂进入沃尔玛、步步高、盒马鲜生等销售渠道。公司不仅与沃尔玛、步步高、盒马鲜生等零售巨头展开线上线下合作，同时也十分注重通过互联网平台开辟电商销售渠道，公司目前拥有网站多家，做到了互联网主流电商渠道全覆盖。作为湖南省农业产业化龙头企业、湖南省电子商务示范企业、湖南省移动互联网重点企业，公司早在2016年就获得“高新技术企业”认定。同时“松桂坊”系列产品多次获农博会金奖、最受欢迎产品称号，公司多次获中央电视台、人民日报、新华网、湖南日报、湖南卫视等主流媒体报道，品牌曾登陆《天天向上》，是湖南最具代表性的电商和特色食品品牌。

#### 2. SWOT分析

湖南松桂坊电子商务有限公司作为湖南最具代表性的电商和特色食品品牌，其资源优势明显，发展机遇良好，但随着电子商务产业大环境的变化，企业的不足限制了企业的发展，同时也面临各种挑战与风险，接个发展现状，对其优劣势及机遇挑战进行分析，以便更好地发挥优势，抓住机遇，规避风险，促进可持续发展。

表 12　湖南松桂坊 SWOT 分析

| 优势 S | 劣势 W |
| --- | --- |
| 1. 品牌在湖南市场知名度高，品牌口碑好，市场占有率较高；<br>2. 企业创办近 10 年，市场运营、供应链管理比较好；<br>3. 良好的公共关系，较好服务意识和完善的服务支持体系；<br>4. 建设自有养殖基地及配送系统，产品质量及配送有保障。 | 1. 品牌区域性强，在全国范围内知名度低，影响力小，发展规模受限制；<br>2. 办公硬件条件趋于老化和陈旧，管理模式相对保守落后，效率较低，市场反应不敏锐；<br>3. 技术创新投入不足，营销创新及服务升级不足，产品创新不够；<br>4. 营销策略的针对性不强，不能激起消费者的购买欲望。 |
| 机会 O | 威胁 T |
| 1. 消费者越来越重视食品的安全健康，为企业发展提供了良好机遇；<br>2. 国家政策的大力支持，尤其是对农副产品及民族特色产品营销推广的支持；<br>3. 消费者收入增加，整体消费水平提高，对高品质产品的接受能力增强。 | 1. 电商行业的发展，市场竞争激烈，产品在淘宝等搜索电商市场占比少；<br>2. 新出现的本土化的同类产品逐渐增多，经营模式以及产品同质化现象严重，市场竞争压力大；<br>3. 微信、微博营销、抖音直播电商平台竞争激烈，为获得流量，营销成本投入高。 |

3. 公司发展历史

2013 年 5 月，“湖南松桂坊电子商务有限公司”在长沙麓谷高新区正式挂牌成立，2013 年 6 月，成功入驻京东商城电商平台。

2014 年 10 月，公司大力支持“湖南网购节”，公司产品实现全线升级并成立子公司。

2015 年 1 月，CCTV《致富经》栏目专题报道松桂坊的成功经验；3 月，湖南松桂坊餐饮管理有限公司成立，公司新增办公室 800 平方米，进一步壮大规模和影响力；5 月，湖南日报专题报道松桂坊公司及相关产品；6 月，公司在湘西凤凰县新建占地 108 亩的全新厂房。

2016 年 4 月，公司被湖南省商务厅认定为“湖南省电子商务示范企业”；2016 年 12 月，公司联合淘宝电商平台举办第一届天猫腊味节；2016 年 12 月，公司荣获国家高新技术企业称号。

2017年4月，公司作为长沙市商务局优秀电商代表参加2017年中国国际电子商务博览会；2017年6月与湘西州保靖县达成深度战略合作，合资建设101亩绿色生产基地；2017年9月公司与九鼎集团新湘农达成战略合作，引进战略投资；2017年12月，公司被认定为“湖南省移动互联网重点企业”；2017年荣获“瞪羚企业”称号。

2018年3月，松桂坊夺得“中国食材电商节最具推广价值奖”；2018年4月，湖南松桂坊迈出“互联网 + 湖南味道”重要战略步伐，与麻辣魔方食品在长沙签订股权合作协议，开启深度合作，标志着公司将从产品供应链、品牌和渠道三方同时发力，形成多个亿级产品矩阵；2018年11月，公司与湘西电视台《匠心湘西》栏目达成战略合作，共同致力于打造湘西腊味品牌。

2019年5月，湖南松桂坊高桥批发定制店开业；2019年11月，湖南松桂坊荣获“金河豚奖”最具娱乐力消费品牌。

2020年8月，湖南省委统战部常务副部长徐克勤一行莅临公司调研指导公司生产经营；同一时间，湖南省人大常委会副主任湘西自治州委书记叶红专、州委副书记廖良辉莅临松桂坊调研指导。

#### 4. 经营模式

松桂坊致力于肉类产业链一体化经营，主要从事腌腊制品的生产加工，酱类以及湘味休闲零食，速食预制湘菜等系列产品的开发与销售。经过近10年的发展，目前公司已建立覆盖线上电商、大型商超、连锁餐饮门店、食材批发供应等全渠道销售体系。

#### 5. 产品及服务

公司在湘西、长沙两地总共拥有近10000平方米专业储存仓库。为消费者提供腊肉、香肠、腊猪肠、腊牛肉、腊鱼、干锅猪脚、干锅排骨、干锅肥肠、干锅羊肉，剁辣椒、萝卜干、白辣椒、卜豆角、糖醋大蒜、醋泡姜等酱腌菜、配菜，手撕腊肉、香辣脆骨、香辣牛肉、酱板鸭等休闲零食以及艾草糍粑等糕点。

## （二）典型做法

松桂坊经过短短几年的发展能够在湖南省电商企业中脱颖而出，在行业发展中占据一席之地，其典型做法主要是坚持了线上与线下的整合，整合产品供应链，从源头上把控产品质量，充分发挥企业的社会价值，带动当地乡亲脱贫致富。

### 1. 线上与线下相融合

随着互联网的发展，电商与传统实体店行业的相互结合，湖南松桂坊采用O2O全新的零售模式。线下不仅拥有自己的品牌专卖店，同时也与步步高、沃尔玛、盒马鲜生等零售巨头合作，利用超市门店销售公司产品，线上在各大互联网平台开设网店，同时与京东、天猫合作举办“腊味节”“网购节”等促销活动，扩大产品销路。

### 2. 整合供应链合作共赢

公司在湘西投资1.2亿元建设101亩现代化生产工厂，打通了腌腊制品从原料、生产加工到销售的自主化、全产业链化。公司坚持标准化生产，已经实现生产工艺数据化管理，严控产品质量与工艺标准，松桂坊腊肉全部采用桂花桂皮等十二道香料腌制，松木、柏木熏制，时间长、入味透，口味地道。所生产的腊味产品深受消费者欢迎。

### 3. 响应政策带动乡亲们脱贫致富

松桂坊立志打造“互联网+湖南味道”领导平台，经过近十年的辛勤耕耘，已经收获了良好的市场和口碑，连续七年“双十一”荣获同品类销量第一。为了响应习近平总书记提出的2020年确保贫困人品如期脱贫的号召，松桂坊将湘西腊肉、古丈黄牛肉、新化稻田鱼、泸溪铁骨猪等地方特色推向市场，同时带动了当地农户就业，充分利用农村闲散劳动力，帮助当地村民不用出远门也能赚到钱。松桂坊把养殖基地放在农村，山里的水、空气，加上科学结合本土的养殖方法，不仅使城里人吃上放心肉，也大大降低了产品的生产成本。

## （三）借鉴启示

松桂坊经过短短八年的发展，已经在线上线下获得良好的市场和口碑，与公司团队的辛勤耕耘和创新求变的理念是分不开的，在公司逐步发展壮大的过程中，有很多值得借鉴的经验做法。

### 1. 精准的市场定位

“做腊肉的，我们最懂互联网；做互联网的，我们最懂腊肉。”这是互联网腊肉第一品牌“松桂坊”创始人常常挂在嘴边的一句话。松桂坊专心致力于打造“互联网+湖南味道”的电商企业，是其核心的企业经营战略，正是这一精准的市场定位，使公司在竞争激烈的互联网行业中走出了一条充满地方特色的脱贫致富之路。

### 2.“公司+农户”的精准扶贫模式

松桂坊用公司+农户的模式，在湘西耶云顶村定向种植收购有机萝卜，不仅带动当地老百姓增收致富，同时也把大山里的顶级食材带 给广大的消费者，公司在实现经济效益的同时也产生了深远的社会影响，公司独创的“精准扶贫”模式不仅受到了社会的关注与认可，也使公司的品牌形象深入人心，提高了产品的销量和产品的知名度。

### 3. 借助媒体促进品牌宣传

腊味是中国传统美食的代表，“湘西腊味”是湖南最具代表性的美食之一，松佳坊腊味与湖南卫视王牌栏目《天天向上》联合推出了一期冬季美食版节目，向全国观众推荐松桂坊的腊肉制品。同时与湘西电视台《匠心湘西》栏目战略合作，打造地方特色品牌。这一系列宣传使公司产品成为区域美食的地标，进一步加深了消费的品牌认知。

互联网时代，奇迹总在不断上演。松桂坊通过互联网卖猪肉，短短几年就卖出了千万身家，这是一个线上+线下的经典创业案例。松桂坊在淘宝开网店销售家乡腊肉，成功将“松桂坊”打造为互联网腊肉第一品牌，但公司并没有满足于线上的发展，而是果断开辟了线上+线下相结合的经营模式。尽管公司发展成绩喜人，但创业的道路从来都是布满艰辛，如同其他电商企业在发展过程中遇到的困难和瓶颈，松桂坊也遇到过融资难、缺人才、愁销路的困境，但公司凭借着精准的市场定位、过硬的产品质量、优秀的企业文化等优势，最终赢得了市场的认可。

## 九、水羊集团股份有限公司

### （一）公司概况

#### 1. 公司简介

水羊集团股份有限公司（原名：御家汇股份有限公司，简称：水羊股份）是一家以自主品牌为核心，自主品牌与代理品牌双业务驱动的新消费品美妆品牌企业。水羊股份现有员工 2000 余名，旗下拥有御泥坊、小迷糊、大水滴、花瑶花、御 MEN、HPH 等多个自主品牌。同时，与强生集团达成深度战略合作，全面承接强生中国的电商业务，并设有独立开放平台“水羊国际”，代理了城野医生、EviDens、KIK、Lumene 等国际知名品牌。除了品牌数量的增长，水羊股份已形成丰富的产品矩阵，包括水乳膏霜、彩妆、婴儿洗护、香水、抗菌洗手液、生发药剂等，线上、线下销售渠道布局完善，多品牌、多品类、多业务、全渠道的战略蓝图已经形成。

在研发赋能产品、数字赋值组织的双科技赋能下，参与了 12 项国家行业标准制定，有 4000 多项质量管理流程和内部标准，申请了超过 150 项国家专利，已研发 10 种独有原料，将建成全球单体最大、智能化程度最高、最具互联网开放体验属性的面膜生产基地。组织已率先走过电商化、在线化，进入数据化、智能化阶段，支持千万级日订单处理能力，科技赋能产品，数据赋能组织的基因已经深入骨髓。

#### 2. SWOT 分析

羊水集团作为电商行业科技创新的标杆企业，其优势明显，发展机遇良好，但其自身也存在一些不足，发展中也面临各种挑战与风险，通过对优劣势及机遇挑战分析，以制定更好的发展战略。

表13　水羊集团SWOT分析

| 优势S | 劣势W |
| --- | --- |
| 1. 双科技赋能，通过研发赋能和数字赋能使得公司更具竞争力；<br>2. 以自主品牌为核心，自有品牌和代理业务双业务双轮驱动；<br>3. 有自主孵化、创业的机制，内部有年轻人参股联合创业的小彩妆品牌；外部投资商业链上下游公司。 | 1. 不具备基础研究的能力，更多在配方的配比和应用端，肤感、香味等研发；<br>2. 品牌影响力较小，国际知名度低；<br>3. 营销渠道较少，主要为网络营销，线下营销较少；<br>4. 产品主要针对中低端人群，没有覆盖到高端消费者，没有形成完整的产品系列。 |
| **机遇O** | **威胁T** |
| 1. 人们关注美容保养，化妆品市场持续升温；<br>2. 美妆国货市场近几年出现回暖势头，越来越受到消费者青睐；<br>3. "互联网+"使美妆产品销售渠道更加广阔；<br>4. 互联网技术使采购、销售等环节更加迅速。 | 1. 线上渠道竞争不断加剧，未来成本有上升趋势；<br>2. 线上渠道消费者忠诚度相对较低；<br>3. 国际大牌等竞争对手引领潮流，研发技术先进；<br>4. 国际大牌的品牌厚度深，现在已全面发力线上渠道销售。 |

3. 公司发展历程

2012年11月御家汇股份有限公司成立。

2018年2月8日正式登陆A股，中国A股首家IP电商上市公司，股票代码300740，证券简称为水羊股份。

2019年，开启双科技战略，在研发赋能产品、数字赋值组织的双科技赋能下，参与了12项国家行业标准制定，有4000多项质量管理流程和内部标准，申请了超过200项国家专利，已研发10种独有原料，将建成全球单体最大、智能化程度最高、最具互联网开放体验属性的面膜生产基地。组织已率先走过电商化、在线化，进入数据化、智能化阶段，拥有超过5800万消费者，支持千万级日订单处理能力，科技赋能产品，数据赋能组织的基因已经深入骨髓。。

2021年，御家汇股份有限公司改名为水羊集团股份有限公司，简称水羊股份。

#### 4. 公司经营现状

##### （1）双科技赋能

一是研发赋能：研发负责人是新加坡人，为双博士，是之前宝洁 SK2 小灯泡的首席研究师；与江南大学校长陈坚院士合作项目，近期合作开发酶切小分子玻尿酸，未来会应用到化妆品原料中；和中国麻研究所、中国农科院做一些基础的原料配方研发。

二是数字赋能：2013—2014 年开始建立 IT 团队，有 100 多人团队运营，现在是多品牌多渠道运营，业务形态复杂，这个背景下做自己的智能化系统，包括仓储、物流、配送、智能办公、客服、财务等，现在 80% 客服是机器人，大面积缩减人员，未来保证更高的人均产出效率。截至现在有将近 3 亿的 IT 资金投入，包括信息数据库、信息系统、办公自动化、信息智能化等，每年有几千万的资金分摊。

##### （2）双业务驱动

以自主品牌为核心，自有品牌和代理业务双业务双轮驱动。

一是自有品牌：御泥坊为主品牌 +7 个子品牌，占六成左右。

二是代理业务：强生在中国所有线上的主要品牌都是水羊股份在代运营，一些国际上有口碑的小众品牌，比如 KIK、NATASHA、EVIDENS（法国奢侈面膜品牌，去年卖了 8 万多瓶）是水羊股份在做中国区独家线上经营。

##### （3）双生态平台

有自主孵化、创业的机制，内部有年轻人参股联合创业的小彩妆品牌；外部投资商业链上下游公司如言安堂，投资新锐品牌如十二院子等，希望逐步做美妆产业链生态布局，但还有一个过程。

公司希望在双科技赋能、双业务驱动和双生态平台下实现营收净利双增的目标。

水羊股份会从以下几方面提高御泥坊营收及利润增速：

第一，提价：收入方面，维持面膜品类的高速增长，去年的绝对爆品氨基酸泥膜在 79 元的基础上两次提价，现在单价 99 元，所以毛利和利润率会提升。

第二，拓新品类：接下来还会推出新的爆品，除了面膜之外，还有一些精华、水乳霜套装、唐风彩妆（比如眼影）、隔离霜等辅助品类。

第三，拓渠道：线上过去是天猫为主，未来在唯品会、京东等平台复制新的流量打法，释放更多收入增长；线下方面未来也会有较好的提升，御家汇再屈臣氏面膜品类是第1名。其线上线下全渠道公司，包括线上已知平台、线下主流渠道中的屈臣氏、大润发、沃尔玛、CS渠道我们都有覆盖。

第四，产品结构升级：未来推出的新品不再是几十元价位段，而是100元、200元以上，从去年开始不断进行产品结构升级，整体售价、毛利、品牌都会有所提升。

第五，管理广告费用优化：从前年到去年优化了很多人员，去年营收高速增长，但是人员没有增长，人效提升；中后台存货管理、供应链管理、研发客服等做了基本功的搭建，今年在经济效益上会有所呈现；投放上，因为抖音增量非常快所以会加大投入。

目前国货单品牌的天花板在50亿元至100亿元，国际品牌在100亿元至200亿元，水羊股份希望御泥坊在未来3年持续保持较高收入增长，通过产品结构、毛利结构调整、管理精细化等提升整体盈利水平。

## （二）典型做法

### 1. 致力新品研发

国货行业和国际大公司相比，仍有10年以上的差距。国际大牌是引领潮流，而不是追随潮流。因为他们这些公司有极其强大的基础研发、配方研发和应用研发三个层次的研发体系。他们做基础研究并不是每年制定要研究出多少个出来成分，比如欧莱雅的玻色因、SK2的pitera研发出来都可以用很多年，可能3至5年出一个，是大家对功效认可的。这些产品引领了消费，但国货还不具备基础研究的能力，更多在配方的配比和应用端，肤感、香味等研发。水羊公司计划未来将逐步落到基础研究，但是极其耗费成本，还在摸索过程中。仅2021年上半年水羊的研发费用就达3063万元，同比增长72.7%，呈上升趋势。水羊在研发费用占比营收上基本和珀莱雅、上海家化持平，但和以重研发的丸美还有些距离，但水羊在努力发展中，仅2021年上半年共申请了15项国家发明专利、4项外观专利，获得 8 项国家发明专利授权。

### 2. 优化产品策略

公司内部有一个“五指法”，重要排序是品牌、产品、市场、渠道、运营，公司特别擅长运营，特别能卖货，当年流量红利爆棚的时候吃到了运营的红利，创始人从 2007 年做御泥坊品牌，每年都保持非常高的增速。

但是光靠运营是不可持续的，2020 年天猫前 20 名排行榜都是国际品牌，他们的品牌厚度远远高于水羊。国际大牌过去不太关注线上渠道，但是只要他们关注，就把国内品牌一下子甩到后面。所以不能局限在运营中，而是要注重品牌和产品，公司重新定义御泥坊是用现代科技重塑中国盛唐风采的品牌。预计 2021 年推新品价位在 200 元左右，100 元或者 300 元左右。公司的研发副总原为宝洁 SK2 小灯泡的研发工程师，陈坚院士合作推出玻尿酸技术、是市场上最细的纳米级的水平，未来会将独有配方和独特工艺添加到产品中。

公司希望强调产品不同维度的功效，沉淀到唐朝文化 + 现代科技来推广。2020 年花很多人力做了一套 6000 个盛唐字体，非常漂亮，是中国的古韵 + 现代的美感，整体公司的 VI 都会用这套字体。所以公司事实上花费很大精力去做品牌，2020 年御泥坊团队到西安很多次，包括去陕西师范大学研究盛唐文化。此外，公司未来会推出乳霜等新的单品。

### 3. 不断创新营销策略

无论是国际还是国内美妆公司都是自主品牌为主，“大单品、大品牌、大爆品”的思路，高端品牌如海蓝之谜等也都有爆款，再叠加其他爆款不断出现。现在国货也开始打爆品。其实爆品思维是美妆企业需要做的。

公司在各个品类都会做爆品计划，按照时间节点一个一个去顺着推。首先在淘宝、唯品会、京东等推，其次在品类上复制爆品，类似去年氨基酸涂抹式面膜。因为中国流量变化很快，半年就全变了，我们通过爆品计划来看什么产品可以成为爆品，在哪个渠道上打爆品。

首先，通过多品类营销做爆品，爆品质量一定是好的，质感、包装、肤感，使用感受都会有很大提升。在这个基础上做爆品计划。其次，线上渠道方面，御泥坊线上占比90%以上，但天猫现在面临流量困境，御泥坊在唯品会和京东的增速不错，抖音是接下来流量的爆发点，最近刚开的抖音小店，只靠直播日销量10多万元,这还只是开始阶段。抖音生态不论是传播到销量都是一个很好的增量渠道。

其次，爆款需要持续做。2020年公司做了氨基酸泥膜的爆款，代理方面有城野医生377、伊菲丹等爆款，具有在不同品类不同品牌打造爆款的组织化能力。御泥坊仍然是核心重点，公司策略是大品牌、大单品、大爆品，已经出了爆品计划推向市场，在推的过程当中在哪个渠道在哪个维度推会用赛马机制，看过程中的投入产出比，不断强化好的，突出爆品。公司不断扩展品类，有霜、套装、精华、彩妆等。御泥坊以盛唐文化为底蕴，结合科技赋能，结合现代科、成分配方、制作工艺，打造一个以现代科技赋能的盛唐品牌，结合盛唐风韵推一个小系列的彩妆。

### （三）借鉴启示

水羊股份取得的成绩和它的可持续发展，在于它的战略升级，摆脱单一的“面膜公司”称谓，向科技型、数字化美妆集团转变，并通过双科技赋能、双业务驱动和双生态平台实现利润持续增长。作为一个线上起家并且占比很高的企业还存在着较大潜在风险，水羊能否真正依靠其强大的组织和运营能力、依靠科技获取更多的消费者、走科技美妆产业之路获取成长性还有待时间进一步验证。但目前水羊股份取得的阶段性成功，其宝贵经验值得其他企业借鉴学习。

#### 1. 加大研发投入，研发赋能产品

“人才是第一生产力”，水羊股份十分注重研发人才招募及培养。公司研发人员数量近两年倍增；同时，研发投入也呈现高速增长，研发经费从2020年4756万元上升至2021年6597万元，同比增长38.71%。与科研机构联合开展项目研究，不断提升公司产学研合作的广度和深度。研发高配置、高投入、高标准，申请众多专利技术和参与行业标准的制定，助力美妆行业良性、可持续发展。

#### 2. 加强企业管理，数字赋能组织

水羊股份在组织架构、企业管理和团队建设等方面进行了精心打造，通过数字赋能组织，提升公司凝聚力及管理能力。建立智能化系统，包括仓储、物流、

配送、智能办公、客服、财务等，大面积缩减人员，保证高效人均产出。

3. 实现产品渠道多样化，助推可持续发展

搭建“以自有品牌为核心，自有品牌与代理品牌双业务驱动”的业务发展战略，开创了具备全域服务能力的“全球美妆 CP 模式”，即通过在中国市场的全域服务能力以及深度孵化品牌能力，为进入中国市场的海外美妆品牌提供品牌、产品等多维度的赋能，在市场、销售、渠道等维度提供一揽子解决方案，助力海外美妆品牌触达中国消费者。

4. 调整销售渠道布局，实现业务快速增长

作为“互联网＋美妆”的龙头企业，水羊股份销售渠道建设日趋完善，实现了线上线下双增长。公司成长于淘系平台，积极拓展抖音等新型线上营销渠道，同时深入布局线下端，实现全渠道运营。其中，线上渠道主要有包括淘宝、天猫在内的“淘系”平台以及唯品会、京东、蘑菇街、聚美优品等电商平台；线下渠道主要有屈臣氏、沃尔玛、家乐福、万宁、各大城市化妆品专营店和公司自营店等。

## 十、湖南蜜蜂哥哥蜂业有限公司

### （一）公司概况

1. 公司简介

湖南蜜蜂哥哥蜂业有限公司（以下简称“蜜蜂哥哥蜂业”）起源于 1889 年，前身是湖南省浏阳大围山养蜂场，2009 年成立为湖南蜜蜂哥哥蜂业有限公司，公司注册资金为 500 万元是一家集专业养蜂、蜂产品深加工、销售为一体的企业，其中公司特色产品有蜂蜜、蜂王浆、蜂胶、蜂花粉、蜂产品制品。公司总部设在长沙，是湖南蜂产品龙头企业。何国华曾被中央电视台、凤凰卫视、湖南卫视等多家知名媒体报道。

2. SWOT 分析

湖南蜜蜂哥哥蜂业有限公司作为农村电商企业的先行者，通过对优劣势及机遇挑战分析，总结经验做法，以制定更好的发展战略为促进转型升级发展，带来一些借鉴与启示。

表 14　蜜蜂哥哥蜂业 SWOT 分析

| 优势 S | 劣势 W |
|---|---|
| 1. 湖南蜜蜂哥哥蜂业有限公司知名度高，品牌优势明显；<br>2. 公司位于花木繁多、蜜源丰富的原始森林大围山，是天然的养蜂和蜂产品加工宝地；<br>3. 公司有高水准的研发团队，定期组织设计、研发新产品，现有 60 多个成功产品，品质上乘。<br>4. 公司有专业的技术团队，湖南农学院、湖南大学、中南工业大学等多所大学知名教授合作，蜂产品深加工技术实力雄厚。 | 1. 公司目前主要靠自有资金发展，资金压力大，无法满足公司规模和业务不断扩大对公司资本实力的要求；<br>2. 与行业龙头企业相比，公司的蜜蜂产业规模效益略显不足，规模效益不明显；<br>3. 公司的薪酬待遇、工作环境和晋升体系对管理人员和技术人员的吸引力与同行企业相比，缺乏吸引力，人员稳定性差；<br>4. 科技创新，投入成本高，短期内投入产出效益不明显。 |
| **机遇 O** | **挑战 T** |
| 1. 国家对农副产品的政策支持，特别是农村地区；<br>2. 蜜蜂行业持续火热，资本利好蜜蜂领域，行业发展长期向好；<br>3. 互联网与蜜蜂的结合，减少中间环节，为用户提供性价比高的服务；<br>4. 越来越多人的认可国内的蜂产品品牌。 | 1. 受疫情影响，全球宏观经济复苏成都较为有限，公司面临着一定宏观经济波动的挑战；<br>2. 公司作为湖南蜂蜜行业的领军者，面临同行其他企业的夹击；<br>3. 高端消费人群更青睐进口蜂蜜，很多高端人群还是青睐于进口蜂产品。 |

3. 公司发展历程

1983 年公司法人何国华继承祖传五代传人学养蜂；

1995 年创办大围山养蜂技术学校；

2000 年成立湖南省浏阳市大围山养蜂场；

2005 年成立浏阳市蜜蜂哥哥蜂产业合作社；

2009 年湖南蜜蜂哥哥蜂业有限公司成立，注册资本 500 万元；

2010 年 4 月，被评为中国世博会优质入馆产品；

2010 年 12 月，被评为湖南省著名商标；

2012 年 3 月，被评为农民专业合作社示范社；

2013 年 5 月，被评为湖南省农产品加工质量安全奖；

2014 年 9 月，被评为中华全国供销社重点龙头企业；

2015 年 11 月，被评为农业产业龙头企业；

2016 年 12 月，被评为湖南省著名商标；

2018 年 3 月，被评为企业技术创新奖；

2019 年 8 月，被评为科技示范基地；

2021 年 12 月，被评为消费者信得过单位。

公司先后被授予《IS09001 国际质量体系认证》《中国农业部无公害产品认证》《中国质量万里行重点保护品牌》《中国湖南第七届国际农博会金奖》《长沙市龙头企业》《QS 食品生产许可》《中国蜂业出口基地》《湖南省医学会质量信得过品牌》质量认证。

4. 公司经营现状

2019 年公司总资产为 25.6 亿元；2021 年湖南蜜蜂哥哥蜂业有限公司总资产为 31.8 亿元人民币。

## （二）典型做法

公司利用代理、线下活动增加产品曝光；通过移动互联网和用户口碑分享提高产品知名度；公司通过数字化技术，打造蜂业产销管理；通过多元形象宣传，打造云端品牌；通过讲好品牌故事，丰富品牌形象；通过创新品牌代言，拓宽销售渠道；通过加大产品细分，精准市场定位；通过参与政府扶贫，打造蜂业地标，通过加强企业文化建设，加强风险意识，将风险降至最低。

1. 运用数字化技术，打造蜂业产销管理

蜜蜂哥哥蜂业结合电商平台、智能化、物联网、GPS 等应用技术，目前向市场推出了 60 多种品种，深受消费者喜爱。在数字化应用技术上，以服务蜂农管理为主要目标，逐步推广了智能蜂箱，成了以协调流动放蜂为目标的蜜蜂地图，成了以搭建蜂产品产销对接网络平台为目标的网络公司，催生了蜂业数字化对传统蜂业的历史性变革，2021 年蜜蜂哥哥通过数字化技术与合作社合作模式，已养有蜜蜂 35 万群，年产蜂蜜 6000 吨，蜂王浆 180 吨，蜂花粉 320 吨，蜂胶 8 吨。蜜蜂哥哥蜂业基于数字化技术的蜂业管理与经营生态重构，对我国蜂业产业升级起到了示范引领作用。

2. 宣传多元形象，打造云端品牌

蜜蜂哥哥蜂业进行了统一的店面设计。蜜蜂哥哥积极打造线上线下协同配合的综合性电商，设计了具有浓郁湖湘文化元素的电商旗舰店，提升了企业形象。公司已拥有 245 个直销专店和加盟专店，培养了一批高素质营销队伍，每个专店配备了专业的在线客服人员，保证了消费者对于店铺和产品评价的重要保证，保证消费者在线上，售前售后问题都得到合理的处理和解决，提高了消费者的再次购买度和品牌推荐度。

3. 讲好品牌故事，丰富品牌形象

蜜蜂哥哥蜂业结合当地文旅利用自媒体平台，加强了湖南本土景区与蜂蜜相关的宣传，在消费者心中树立了优美的湖湘美景与醇蜜美食结合的文化。公司以蜂蜜知识科普为基础，结合营养、健康知识的宣传，传播蜜蜂有关的营养成分、饮食方法以及科普知识加深顾客对品牌的印象。针对自媒体及店铺关注粉丝不足的问题，蜜蜂哥哥蜂业设计了买赠及抽奖活动，选择健康相关的热门产品，如高档茶具、本地特产等产品，开展关注抽奖活动，并在自媒体中频繁发布促销活动、蜂蜜知识介绍、湖湘旅游相关内容，吸引关注者以最终促成购买。2021 年蜜蜂哥哥营业收入为 5.5 亿元，相比 2020 年增长了 2.4 亿元，同比增长 129.17%。

### 4. 创新品牌代言，拓宽销售渠道

蜜蜂哥哥蜂业积极参加政府组织的消费购物节、展销会等活动，增加线下销售渠道。线上，在抖音、西瓜视频、小红书等短视频平台进行非常好的产品营销，蜂蜜哥哥通过拍摄短视频，将蜂蜜的天然品质融入其中，利用多种创新方式对品牌进行创新推广，增加与消费者的互动性，从而实现增加产品销售收入的目的。例如，蜜蜂哥哥在官方自媒体平台运营中增强了与读者、粉丝的互动性，打传统的广告式单项输入模式，和客户建立沟通反馈体系，例如线上通过有奖征文，分享蜂蜜制作美食方法“云品味舌尖上的醇蜂”，分享蜂蜜美容小窍门，分享蜂蜜或湖湘相关的故事等。蜜蜂哥哥蜂业通过网红主播在线广泛直播带货，快速提高知名度和销量，同时还业积极尝试挖掘有潜力的员工组建直播团队，拥抱互联网，身边的蜂蜜代言人。

蜜蜂哥哥蜂业在尝试新型营销模式的同时，也可以树立员工市场营销思维，培养营销人才。蜜蜂哥哥蜂业通过加盟、直销方式，已在全国各大中城市建立了210 个专卖店，7200 个专柜。深加工的蜂产品、深受国内外消费者喜爱，蜂蜜化妆品系列，同时远销日本、韩国、巴西等国家和台湾地区，并与国内外知名制药厂、食品厂订购了长期供销合同。

### 5. 加大产品细分，精准市场定位

蜜蜂哥哥蜂业秉持跨界开发、全价利用的产业发展理念，将蜂业企业不断强化产品创新,如以蜂蜜水为代表的“蜜 + 水”生态健康饮品蜂产品向水行业的跨界，为行业带来市场需求增量；以蜂产品保健酒为代表的“蜜 + 酒”“浆 + 酒”“蛹 + 酒”的产品创新，蜂产品与酒行业的融合，实现保健概念的彼此增强，成为行业跨界的希望之星。蜜、胶、浆、粉、蛹等产品与其他营养保健产品组合创新，使消费者认知日益增强。“蜜蜂哥哥”除了产品创新,对蜂疗与康养概念也在逐步推广，湖南蜜蜂哥哥蜂业有限公司充分借助健康中国政策，积极介入诊疗、保健、养老等服务性行业，带动了蜂产品的消费，使得蜂产业价值得到更充分的扩展。

6. 参与政府扶贫，打造蜂业地标

蜜蜂哥哥蜂业打造蜂业精准扶贫地标，成为我国蜂业政策体系中的践行者。蜜蜂哥哥蜂业积极参与地方政府的蜂业扶贫工作，做出成绩，并与名盛、百花、绿纯、心之源等全国著名蜂企联动，积极参与蜂业扶贫工作，得到了地方政府高度重视和赞扬。蜜蜂哥哥将蜂业价值不断传播和诠释，成为推动全国蜂产业政策体系建设的践行者。

## （三）借鉴启示

从公司的典型做法中，我们主要可以总结出以下 3 点借鉴启示。

1. 优化企业形象

公司通过设计一个品牌动漫形象和寻找身边的蜂蜜代言人等创新品牌代言的方式来优化企业形象。公司结合贝尔的品牌形象测评模型，从确保产品品质、加强消费者认知、创新产品包装三方面来提升产品形象。公司通过新产品包装优化产品包装说明、细分产品改善产品包装色彩、创新产品包装形态。公司通过 VR 技术融入，使消费者身临其境。

2. 推动蜂产品跨界融合

在食品、饮料、中医药、保健品、化妆品等领域的跨界上，公司加强与相关科研机构的协同开发，实现蜂产品的更多元应用，提升蜂产品利用的能力和水平。推进蜂业集群与地产旅游业的跨界融合，以模式创新为主，不断开拓蜂业产业边界。例如，推动蜂疗业规范发展，带动蜂业向保健服务业拓展，使蜂疗成为蜂产品营养保健功能集中展示的窗口和扩大销售的新引擎。将以“蜜蜂小镇”为主要模式介入“乡村振兴”计划。协调各方面的资源，调动各方面的积极性，搞好顶层设计，探索与地产旅游业的跨界融合。

3. 提升品牌价值

公司从完善企业设施建设和环境优化、提升销售人员素质和外在形象、积极从事慈善事业加强企业的社会责任感这些方面来提升品牌价值。公司通过自身的品牌优势，精准品牌定位。公司通过开展线下沉浸式体验参观、讲好品牌故事、开展多样线上宣传，来助推品牌形象的推广，深度植入品牌形象，扩大品牌影响力。公司通过精心策划营销方案、多元化拓展产品销售渠道来进一步提升品牌形象。

# 第九章
# 长沙市电子商务专业案例

长沙市内有不少办有电子商务专业和专业群的学校。同时，湖南省 2022 年启动了“楚怡”行动计划，遴选了一批“楚怡”高水平专业群，长沙商贸旅游职业技术学院电子商务专业群有幸入选。长沙商贸旅游职业技术学院的电子商务专业群办学成效较好的专业群，每年坚持编制专业群质量年报。因此，本章以长沙商贸旅游职业技术学院湘商学院为例，分别从长沙市电了商务专业群年度发展报告与发展思路案例来阐述，内容主要介绍了电子商务专业群的基本概况，学生发展、教学改革、服务贡献、国际合作、政策保障以及面临的挑战等方面的基本情况，长沙商贸旅游职业技术学院电子商务专业群建设方案中的核心内容等。

## 一、长沙市电子商务专业群年度发展报告案例

### （一）专业群概况

2018 年，湘商学院和会计金融学院联合向湖南省教育厅申报“一流专业群”现代商贸服务业专业群并获得立项。随着专业群建设的发展，学校“跨院建大群、小群建在二级学院上”的专业建设思路已基本确立本质量年报所述电子商务专业群是指的湘商学院的 7 个专业组成的专业群：电子商务、市场营销、现代物流管理、人力资源管理、中小企业与经营、移动电子商务、跨境电子商务。2021 年，本专业群总体情况如表 15 所示。

表 15　专业群总体情况

| 专业名称 | 教研室 | 在校生人数（人） |
| --- | --- | --- |
| 电子商务 | 电子商务教研室 | 336 |
| 移动商务 | | 144 |
| 跨境电子商务 | | 133 |
| 市场营销 | 市场营销教研室 | 364 |
| 现代物流管理 | 物流管理教研室 | 229 |
| 人力资源管理 | 管理与经营教研室 | 230 |
| 中小企业创业与经营 | | 138 |
| 合计 | | 1574 |

专业群产教融合成效明显。已与世界 300 强企业京东集团及本土特色企业步步高集团、道恩集团、咿呀集团、新佳宜连锁等建立了稳定的合作关系；还与湖南嘉德教育科技有限公司、湖南鲸鱼跨境电子商务有限公司、厦门优优汇联教育科技有限公司、eBay 公司、德胜科技实业发展（深圳）有限公司开展了跨境电商生产性实训和教学合作。

专业群产学研平台基本完备。拥有以下国家级、省级、市级重要事业平台：教育部现代服务业应用技术协调创新中心、国家优质专业市场营销专业、湖南省“双一流”专业群现代商贸服务业专业群、央财支持的实训基地（市场营销）、人力资源管理专业技能抽查标准、移动商务专业国际化教学标准、亚行贷款项目物流实训基地、长沙现代服务业人才培养基地项目电子商务实训中心、京东集团校企合作湖南总部——京东·湘商学院、中国（长沙）跨境电商综合试验区人才孵化基地、国家教学资源库电子商务专业课程等。

专业群正在努力争取成为湖南楚怡高水平专业群和中国特色高水平专业群，积极改革创新，争当职业教育干事创业的先峰。

## （二）学生发展

### 1. 招生情况

2021 年湘商学院学院共设招生专业 7 个，分别为市场营销专业、电子商务专业、物流管理专业、人力资源管理专业、中小企业创业与经营专业、移动商务（移动营销方向）专业、跨境电子商务专业，计划招生 529 人，实际招生人数为 544 人。

表 16　湘商学院招生情况表

| 序号 | 招生专业名称 | 招生总规模人数（人） | 实际录取学生人数（人） |
|---|---|---|---|
| 1 | 市场营销 | 135 | 125 |
| 2 | 电子商务 | 104 | 111 |
| 3 | 物流管理 | 69 | 64 |
| 4 | 人力资源管理 | 71 | 92 |
| 5 | 中小企业创业与经营 | 47 | 44 |
| 6 | 移动商务（移动营销方向） | 38 | 37 |
| 7 | 跨境电子商务 | 68 | 71 |
| 合计 | | 529 | 544 |

2. 就业质量

（1）毕业生就业率

由于疫情影响，湘商学院 2020 届毕业生就业率为 81.70%。2021 届毕业生的初次就业率为 90.95%，其中市场营销专业就业人数为 99 人，专业就业率为 93.40%；电子商务就业人数为 103 人，专业就业率为 89.60%；移动商务专业就业人数 54 人，专业就业率为 91.50%；物流管理专业 52 人已就业，专业就业率为 94.50%；人力资源管理专业就业 64 人就业，专业就业率为 90.10%，中小企业创业与经营就业人数为 30 人，专业就业率为 83.30%。

（2）就业现状满意度

湘商学院对 2020 届、2021 届毕业生进行了就业跟踪调查，从学生填写的调查问卷表统计数据显示，2020 届毕业生的就业现状满意度为 78.91%，2021 届毕业生的就业现状满意度为 82.69%。相比而言，2021 届毕业生对就业现状更为满意。

（3）专业相关度

2021 届毕业生各专业对口率分别为：电子商务专业 90.0%，人力资源管理专业 84.0%，市场营销专业 97.8%，移动商务专业 83.3%，物流管理专业 75.0%，中小企创专业就业率为 86.2%，总对口率为 87.8%。

（4）就业地区分布

湘商学院 2021 届毕业生主要就业地区为本省，就业人数为 324 人，占总就业人数的 80.6%，为湖南省经济社会发展培养技术技能人才、提高湖南省人力资源文化水平和技术能力层次做出了积极贡献。省外就业仍然以长江三角洲和珠江三角洲等经济发达地区为主。

（5）就业单位性质分布

湘商学院 2020 届、2021 届毕业生就业单位性质分布，其中就业单位主体仍为民营企业、小微企业及其他企业。

（6）毕业月收入

湘商学院对 2020 届、2021 届毕业生进行了就业跟踪调查，从调研数据显示，2020 届、2021 届毕业生毕业签约月薪为 3204 元、3316 元。2021 届较 2020 届毕业生毕业签约月薪稍有增长。

（7）用人单位满意度

湘商学院对 2020 届、2021 届毕业生进行了就业跟踪调查，从用人单位对我院毕业生的有上进心、诚实守信、团队精神、敬业精神和工作业绩等六个方面进行评价。用人单位对 2020 届毕业生满意度为 87.62%，一般满意度为 9.24%，不满意仅为 3.14%。对 2021 届毕业生满意度为 88.74%，一般满意度为 8.99%，不满意仅为 2.27%。

（8）毕业生满意度

湘商学院对 2020 届、2021 届毕业生进行了就业跟踪调查，从调研数据显示，2020 届、2021 届毕业生对母校的总体满意度为 90.69%、91.52%。

3. 职业发展

分专业来看，电子商务和市场营销专业的薪资水平比其他专业较高。因此学院应加强就业指导，以转变就业观念为就业指导与服务工作的核心。湘商学院根据学校人才培养方案和国家省市有关政策方针，结合实际，利用创业课程的开设、创业比赛活动的实践，让学生从入校起学会做好职业规划设计，积极引导学生多层次就业，推荐高质量工作岗位，提高学生就业质量。

在学生实习前、毕业前多次开展毕业生招聘会，发放就业创业手册，依据学生常见的就业问题及指导需求，做到为学生有针对性的开展就业指导，利用人才服务中心的相关信息，多渠道提供就业机会。根据专业、班级的不同特点，在做好就业政策指导的同时，分别做好毕业生的就业形势的教育，引导毕业生树立先就业、后择业、再创业的就业思想。

湘商学院为 2021 届毕业生联系了多家公司，包括湖南宏颐科技有限公司、安吉智行物流、汉森制药、金磨坊、屈臣氏、七号厢、宇鑫物流、泰阳医药、陕西首信商贸有限责任公司、苏宁易购湖南区域、湖南诚捷达通信技术有限公司、壹梵装饰、晴溪餐饮、长沙恒越信息科技有限公司、湖南博通信息股份有限公司、飞梦传媒、林肯中心销售店等。并持续为2022届毕业生就业工作做好服务，双选会有以下公司参与：湖南至名品牌管理有限公司、湖南茶悦文化产业发展集团有限公司、湖南全新施乐科技有限公司、湖南宏颐科技有限公司、湖南新佳宜商贸有限公司、长沙银湘航空服务有限公司、长沙屈臣氏个人用品商店有限公司、湖南正盈文化传媒传媒有限公司、向善国际健康管理有限公司、湖南智谋天下文化传播有限公司、湖南博纳瑞特科技有限公司、长沙破晓有限公司、湖南伍爱创意文化科技有限公司、盘子女人坊、京东客服服务中心、湖南谷医堂健康管理有限公司、湖南龙星行汽车销售服务有限公司（奔驰品牌）。

#### 4. 创新创业

秉承“创新精神融入学生血液，创业教育引领人才培养”的理念，在全院范围内将创新创业教育、就业教育纳入人才培养全过程。稳步推进创新创业教育工作，成绩突出，特色凸显。通过项目带动、竞赛推动、外出培训培养和内部研讨锤炼等形式培养创业就业指导教育教学团队。学生积极参与校内外各项创新创业大赛，获得各类奖项。

2020年10月，参加湖南黄炎培职业教育奖创新创业规划大赛获得两项奖项；2021年8月，参加“建行杯”第七届湖南省“互联网+”大学生创新创业大赛一等奖两项，二等奖两项；2021年9月，参加第七届国际互联网+创新创业大赛铜奖一项。

#### 5. 学生发展

（1）入学教育

为促进2021级新生更好适应大学生活，进一步了解职业教育入学教育，加深专业和职业认知，湘商学院针对2021级新生开展了涵盖理想信念教育、法制安全教育、专业认知、大学学业发展等专题的入学教育，并通过开设创新创业教育指引、国际交流学习与发展等专题，力求营造学院创新创业氛围，拓展学生职业发展视野。通过全面、系统、科学、合理的入学教育，帮助新生尽快了解、适应大学的学习和生活；促进学院文明建设，树立良好的学风校风；为新生的健康成长成才指明方向，夯实素质教育和专业知识技能的奠定基础。

其中安全教育讲座上湘商学院党总支副书记寻丽琴从大学生如何做好防盗、如何预防诈骗、如何对待暴力侵害三个方面向新生讲述安全知识，通过列举近年来校园的盗窃事件，来重点讲述大学生在学校宿舍、日常生活中防盗的相关注意事项及相应的防范措施。寻书记用生动幽默的方式让同学们充分了解了盗窃的常用手段，比如使用“顺手牵羊”“溜门窜户”等词语形象地介绍了校园盗窃的常见行窃方式。在如何预防诈骗中，通过讲述网络、短信诈骗的典型案例，让同学们真切地感受到身边存在的安全隐患。还结合自己的过往经历与大家分享在信息化时代的各种陷阱下诈骗发生时的特点，通过列举分析种种案例，提高了同学们对于诈骗的认识。同时，寻书记指出暴力是因为缺乏一定的法律知识，遭到了私心杂念和外界诱惑的摧残。校园暴力事件虽然发生在学校里，发生在学生身上，但这也是社会大环境的一个缩影，应引起重视，采取措施，共同努力以减少此类事件的发生，共筑安全校园。

（2）心理健康服务

为切实加强湘商学院学生心理健康教育工作，全面提高大学生的心理素质，湘商学院开展“2021 年 5·25 大学生心理健康教育月活动”系列活动，此次活动主题为“与心灵相约，与健康同行”，拉开了我院心理健康教育系列活动的序幕，在学生中掀起了一股关注心理健康的热潮。

活动初期，在今日校园 App 校园服务中设立专栏——“易路有你”，针对大学生心理特点制作积极向上的推文，设置“线上签名墙”，在全院师生中宣传，动员学生在轻应用阅读文章，并积极签名，帮助学生积极学习心理知识，正确应对心理突发状况，增强心理健康意识。

6. 奖助学情况

为帮助贫困学生能完成学业、鼓励优秀学生发奋学习，经济贸易学院加大学生的奖助贷力度，认真做好奖助贷补各项资助、学生评奖评优、贫困生评定工作，建立了奖、助、贷、补等多种形式的资助工作体系。本学年全院共有 652 人次学生获各类奖助学金共 181.75 万元，人均 2787.58 元。受益学生中，244 人次获奖学金 46.33 万元；408 人次获助学金 135.42 万元。学院不断完善奖、助学金制度和爱心救助机制，确保每一个学生顺利完成学业。

表 17　湘商学院 2020—2021 学年各类奖助学金发放统计表

| 项目名称 | 发放金额（万元） | 受益人数（人） |
|---|---|---|
| 国家奖学金 | 1.6 | 2 |
| 国家励志奖学金 | 24.50 | 49 |
| 国家助学金 | 132.77 | 355 |
| 校内奖学金 | 20.23 | 193 |
| 校内助学金 | 2.65 | 53 |
| 合计 | 181.75 | 652 |

### 7. 文化育人

#### （1）文化融合育人

校园文化是课堂教学的必要延续和补充，是整个教学活动的重要组成部分，建设和谐校园文化的重要途径之一。学院将红色文化、传统文化注入校园文化，营造奋发向上的校园文化，助力学生成长成才。

为了丰富同学们的课余生活，湘商学院每年组织学生参与多项丰富多彩的课余活动，促进湘商学子德智体美劳全面发展。积极响应国家职业教育改革实施政策，弘扬科学人文精神、造就高素质人才，坚持以培养全面发展的社会技能型人才为目的，在学院开展各种专业技能竞赛的同时，突破课堂教学和教材在时间、空间等方面的限制举办了多种学生活动。

为庆祝中国共产党成立 100 周年，落实习近平总书记关于加强对“五四精神”历史价值和时代精神研究的指示，认真贯彻总书记关于青年工作的系列重要讲话精神，促进广大学生坚定理想信念，励志刻苦学习，积极投身实践。

2021 年 9 月 28 日开展的“国逢盛世欣欣向荣”国庆特色活动，志愿者们一同前往湖南省烈士公园，参观了很多革命烈士牺牲的经历，也懂得现在生活的来之不易，志愿者们也会秉承先烈们的精神，把中国人民的优质品质传承下去。

图 5　湘商学院开展国庆特色活动

（2）学院团学

湘商学院团学是我院先进青年的学生组织，以“全心全意为学生服务”为宗旨，是适应时代潮流，顺应学院发展需要，加强学生管理，促进校园精神文明建设，构建和谐校园而成立的一个组织。在学院党总支和校团委的领导下，紧密围绕教书育人的工作中心，始终坚持服务同学、奉献社会、弘扬校园主旋律、创造性地开展工作，增强团总支与基层团支部的凝聚力、感召力和战斗力，团结和带领广大团员青年积极投身于社会实践，组织开展各种文体活动，并多次获得优异成绩。以“团结、严谨、求实、高效、创新“的工作理念，充分发挥学生群体“自我管理、自我教育、自我服务”的职能，参与学院学生事务的管理，致力于为学院广大师生创造良好的学习环境和活动环境。

## （三）教学改革

### 1. 人才培养模式改革

（1）“岗课赛证创”融通，为人才培养赋能

2019 年首批试点 1+X 证书制度以来，以“岗 • 课 • 赛 • 证 • 创”融通为实施路径，形成了“产教融合、书证融通”的人才培养模式。即人才培养方案对接产业岗位，专业课程与岗位职业能力融通、专业课程与技能大赛融通、专业课程与 X 证书融通、技能学习与职业需求有效融通。基于公共课程和专业课程两个课程平台，构建湘商学院专业“岗 • 课 • 赛 • 证 • 创”融通培养专业教学课程体系（见下图 6）。

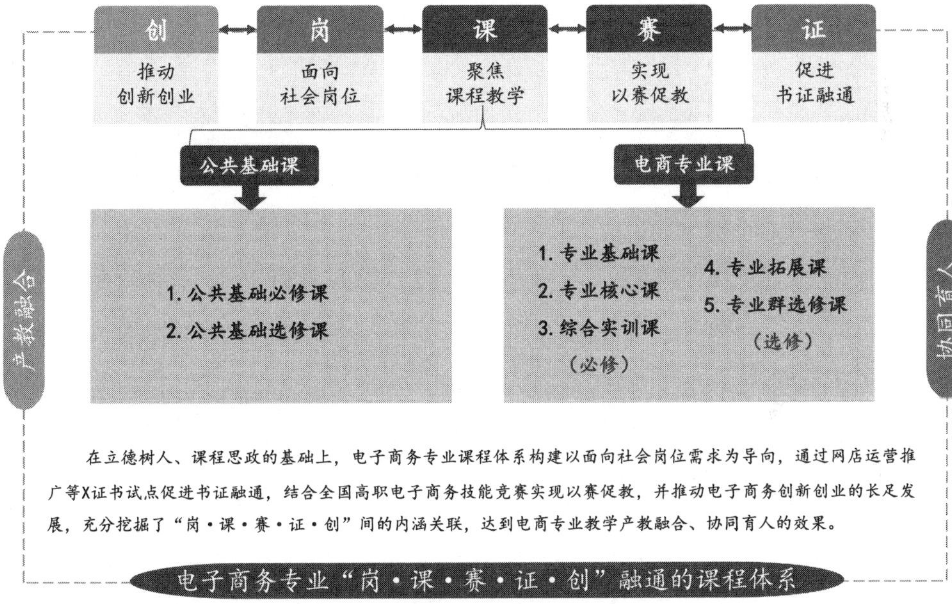


图 6　“岗 · 课 · 赛 · 证 · 创”融通的课程体系

（2）专业课程与技能大赛融通，“以赛促学”取得良好成绩。

第七届中国“互联网 +”大学生创新创业大赛中《守艺人擂茶—舌尖上非遗文化》获省赛一等奖、国赛铜奖，《益生“菌”—科技助农的砥砺践行者》获省二等奖；《油茶荒山种植推广的产业兴农模式》获省三等奖。2021 年 1 月在湖南省高职院校职业技能竞赛中，电子商务技能竞赛分获一等奖和二等奖；商务数据分析与应用分获一等奖和三等奖；人力资源技能竞赛分获一等奖和三等奖；智慧零售运营与管

理获得一个二等奖以及两个三等奖；互联网＋国际贸易综合技能分获二等奖和三等奖；智慧物流作业方案设计与实施获得三等奖；关务技能获得三等奖。

（3）专业课程与X证书融通，稳步推进1+X证书制度试点

2021年湘商学院共7个X证书试点，与7家第三方评价机构签订“1+X”证书试点协议，共组织3次X证书考试，近300人次考试，考证通过率高于全国平均水平。2021年7月获得2020年度1+X网店运营推广“书证融通奖”。

2.“三教”改革

（1）产教融合，建设校企专兼师资队伍

加强教师教学能力建设，教师走出去、引进来。鼓励老师走出去比赛、培训的同时，把企业、行业请到学校来上课。目前承担教学任务的有京东、道恩、新佳宜等企业的业务骨干、精英。建立了学院校企导师培养制度。联合校企合作企业，学院有经验的副教授以上教师和企业骨干精英做为年轻老师的导师自选择并在指导老师带领下共同成长。

支持师资培训及相关工作，力争通过培训，提升教师对X证书职业技能等级标准、教材、教学、培训和考核要求的理解，提高教师实施技能教学、培训和考核评价能力，培养具有先进的职业教学理念，掌握先进技术技能的高素质职业技能等级证书的教学团队，保障证书教学和培训的质量。

（2）“岗课赛证创”融通，推动教材改革

1）“岗课赛证创”融通，组织编写新型活页式、工作手册式校本教材，提高教材的适用性和专业人才培养的灵活性、针对性和有效性。校企合作，双元开发编写了国家职业教育电子商务专业教学资源库升级改进配套教材《商务数据分析》，由高教育出版社出版。校企、校校共同开发编写《电子商务法律法规》。

图 7 《商务数据分析》课程教材

2）教材建设与课程建设深入融合，教材与 MOOC 同步建设，打通“建 - 教 - 学”。依托智慧职教平台，为知识点和技能点配套建设微课、课件、案例等数字资源，实现教材与在线资源无缝对接。2020 年《商务数据分析》课程认定为省级精品开放课程。

（3）探索“岗课赛证创”五元融通的教学模式

基于岗位最新技能标准，构建基于能力本位的课程体系，以职业技能大赛检验教学质量，获得对应等级的“X 证书”，通过改建实训基地，搭建“1+X”技能实践平台，为“三教改革”提供了平台支撑。自 2019 年 7 月被认定为中国（长沙）跨境电子商务综合试验区人才孵化基地以来，培养跨境电商实操及相关专业应用型人才 209 人，其中 10 人在中国“互联网 +”大学生创新创业大赛中获银奖，在湖南省职业院校技能电子商务技能项目中 4 人获一等奖、1 人获三等奖，并为跨境电商企业培训员工近千人次。

## （四）服务贡献

### 1. 电商学生服务乡村

近年来，学校先后投入46万余元引进跨境电商真实账号操作系统（seller OS）、跨境电商供应链分销系统，让学生掌握八项基本业务操作技能，即跨境店铺注册操作、跨境物流与海外仓操作、海外市场调研操作、跨境选品和产品信息化操作、跨境产品定价、刊登和发布操作、跨境店铺优化及推广操作、接订单、发货、出境报检报关操作、收款、售后服务及客户维护操作等业务操作能力，培养学生踏实肯干、吃苦耐劳的工作作风以及善于沟通和团队合作的工作品质，为学生走上跨境电商工作岗位和跨境电商创业打下坚实的基础。

学生迫不及待将所学知识，应用于实际。2021年暑假，长沙商贸旅游职业技术学院湘商学院暑期“三下乡”社会实践团走到田间地头，走进农户庭院，走向广阔的农村，利用电子商务专业技能赋能现代农业新发展，积极打造互联网+生态农业新模式。湘商学院电商专业学生姚依、綦金花、聂管金三位同学化身果园镇农特产品“代言人”，向网民们推荐来自长沙县的优质农特产。短短的两个小时，直播间就获得了2.2万点赞。果园镇新明村有机香籼米、果园镇红花蜜蜂养殖专业合作社的特色蜂蜜、特色明星产品花果虾等在主播们的介绍下“走”得飞快。

2021年7月12日，学生门冒着酷热的暑假，在华瑞易养庄园，就运用所学的电子商务专业知识和技能拍视频、写文案、修照片、商品上架、直播带货等，帮助当地乡村就卖出去近200箱的新鲜葡萄，这为庄园带来了较大的流量。电商专业大学生们以自己的专业技能和实际行动，为庄园生产销售贡献了年轻而蓬勃的力量，为服务乡村振兴贡献电商学生智慧和技术，更加增强了学生热爱农村、服务农村的强烈情感。

### 2. 服务产业与区域经济发展

（1）2021年在湘商学院组织湘商学院精干力量组织编写《电子商务产业发展报告》，跟长沙市电子商务产业多方调研，咨询企业产业专家，目前已经进行材料提炼总结，正进行修改完善阶段。

（2）《建议“十四五”国家科技创新规划列入超级计算软件研发计划》被中央

统战部内参《零讯》采用。

（3）学院承担教育部重点基金项目《一种大型商业网站垂直爬虫及其大数据应用技术研究》、《1+X 证书制度试点工作监督与评估机制》正在进行大数据分析、电子商务技术研究提供研究成果和智慧力量。

（4）2021 年 1 月杜启平主笔撰写的《打造更高水准的农博会》通过《湖南日报》内参获得中共湖南省委乌兰副书记批示，将为农业农村厅制定相关政策的重要参考；2021 年 7 月主笔撰写的《构建终身学习体系加快培育高素质农民》通过《湖南日报》内参获得湖南省委乌兰副书记批示，将为湖南省农业农村厅、教育厅、人社厅等制定相关政策的重要参考。

### （五）面临挑战

尽管专业群取得了较好的发展成效，但当前面临着三个挑战：

一是校内外专业群发展的竞争挑战。按学校“十四五”规划，2025 年以前除已成为中国特色高水平专业群餐旅会专业群以外，学校将再培育一个专业群成长为中国特色高水平专业群。由于“十三五”期间本专业群基础稍显薄弱、团队力量和水平有限，又要为学校重点先行打造的中国特色高水平专业群餐旅会专业群让路，因此，错过了一些发展机遇。如国家级教师教学创新团队没有获得立项、省级以上教学资源库暂时还没有获得立项等。此外，全国的电子商务专业（群）较多竞争又异常激烈。因此，“十四五”期间，本专业群还需加大建设力度，争取更多的国家级、省级事业平台。

二是职教类型教育带来的办学挑战。按学校“十四五”规划，专业群将选取 1 至 2 个专业举办职业教育本科，由于是新生事物，本专业群团队成员均缺乏职业教育本科运作经验。

三是社会服务能力不够强带来的挑战。尽管本专业群在学校的各专业群中科研水平一直处于领先水平，然而，部省共建湖南省职教高地、学校建设“双高”计划等都对本专业群的发展在社会服务上提出了更高的要求。将来，不仅仅是科研要上更高水平并作产业化应用，还需要大量开展培训项目，服务乡村振兴，服务跨境电商、移动互联网等产业链发展，对本专业群的团队水平、管理能力都带来了更大的挑战。

## 二、长沙市电子商务专业群发展思路案例

### （一）建设基础

历经十九载奋发图强，长沙商贸旅游职业技术学院电子商务专业群已取得优异的办学成效，已具有六点优势特色，正面临着三项机遇和三项挑战。

1. 专业群建设背景

电子商务专业群对应长沙商贸旅游职业技术学院“立足长沙，服务三湘（湘菜、湘商、湘旅）”办学定位中的“湘商”。专业群由电子商务、移动商务、跨境电商、物流管理、市场营销 5 个专业构成，在校生规模 1214 人，教师 68 人。专业群 2018 年获湖南省教育厅“一流”专业群建设项目立项。

（1）区域电子商务发展战略

《湖南省“十四五”电子商务发展规划》明确指出到 2025 年，电子商务交易规模持续扩大，网络零售持续引领消费增长，全省网络零售额超过 5000 亿元，年均增速达到 10% 以上，跨境电商交易额年均增速达到 20%。长沙正大力实施强省会战略，正奋力实施电子商务扩容行动，提出到 2025 年，实现电子商务产业相关交易额持续增长，引进和培育一批电子商务龙头企业，跨境电子商务交易额大幅增加，将长沙打造成为享誉全国的区域性电子商务中心。强省会战略中，开放融通专项行动提出深度对接“一带一路”建设、加快发展跨境贸易、打造国家综合物流枢纽城市等等。根据《中共长沙市委长沙市人民政府〈关于贯彻落实强省会战略的行动方案（2022—2026 年）〉》，到 2026 年，长沙市仅对非贸易总额就计划突破 300 亿元，引进和培育对非经贸合作企业 300 家以上。省市电子商务及关联发展战略为电子商务专业群建设提供着战略指导作用。

（2）产业高度集聚发展特点

湖南电子商务产业正在长沙高度集聚发展。中国（湖南）自由贸易试验区长沙片区和中国（长沙）跨境电商综合试验区的建设亦正推动着电子商务产业集聚发展并向产业高端迈进。近两年，长沙市电子商务相关交易额突破万亿元，同比增

长约 20%。长沙市已实现跨境 B2C 零售出口、B2C 直购进口业务双向全流程开通，2020 年长沙跨境电子商务卖家共达到 3500 余家，同比增长 30%；跨境电商零售进出口额增长 80%，跨境电商平台出口交易额达 94.05 亿元。2021 年，长沙跨境电商持续“井喷”，仅前 2 个月就出口 29.5 亿元，增长 44.7 倍。可见，在长沙电子商务产业已经形成了高度集聚、发展迅速的特点。与电子商务产业尤其是跨境电商发展业态形成鲜明对比的是各类人才的短缺。

（3）职业教育深化改革前景

《教育部 湖南省人民政府关于整省推进职业教育现代化 服务“三高四新”战略的意见》指出要围绕“三高四新”战略要求，对标《中国教育现代化 2035》和《国家职业教育改革实施方案》，破除产教融合瓶颈，推进职业教育深度融入功能板块和新兴优势产业链，成为产教协同创新标杆。湖南职教改革正在走向纵深、前景广阔、大有可为。随着职业教育的深化改革，必然要深度对接强省会、“三高四新”战略中的关键领域和新兴优势产业，不断推进校企合作、产教融合。经历 2018—2021 年的湖南省“一流”专业群建设周期后，2022 年湖南省教育厅启动“双高计划”，学校则对专业群结构进行了调整。重新构建的电子商务专业群将紧抓职业教育改革发展的历史机遇，开启高水平建设阶段的征程。

2. 专业群优势特色

电子商务专业群在省内办学优势特色明显，概括为以下六点。

（1）标志性成果突出

历经前两个阶段的发展，近 5 年电子商务专业群共取得 77 项标志性成果，其中国家级 13 项，省部级 64 项。其中较为突出的成果如下：

1）省部级教学成果奖或教育科学研究成果奖 4 项。

2）世界 500 强企业连续 4 年授予奖励，其中标杆院校奖为目前京东集团授予合作院校的最高奖励。

3）创新创业比赛获得国赛奖励 6 项，其中银奖 1 项、铜奖 4 项。

4）产教融合事业平台齐全，包括教育部现代服务业应用技术协同创新中心和京东·湘商学院等。

5）科研服务社会成效显著，承担省部级以上重大、重点课题8项，省领导批示决策咨询报告3项。

（2）实践教学条件优越

电子商务专业群近五年共建成京东校企合作生产性实训基地（2000平方米）、中央财政支持的市场营销实训基地（1000平方米）、中国（长沙）跨境电商综试区人才孵化基地（同为电子商务实训中心，1700平方米）、亚行贷款物流实训基地（2000平方米）四个基地共计6700平方米实训场所850余个工位。引进了京东CRM、订单管理系统，育邦连锁超市管理系统、跨境电商实训系统等实训软件12套，软硬件设施先进，工位数充足。四个实训基地简要情况如表18所示。

表18　电子商务专业群实训基地情况

| 基地名称 | 内含实训室 | 工位数（个） |
| --- | --- | --- |
| 中央财政支持的市场营销实训基地 | 营销策划实训室、总经理室、客户谈判事、CRM实训室 | 150 |
| 亚行贷款物流实训基地 | 港口物流仿真实训室、立体仓库实训室、仓库管理实训室、物流运输管理实训室、供应链管理实训室 | 200 |
| 京东校企合作生产性实训基地 | 岗前培训室、客户服务实训室、创新创业实训室、路演厅、竞拍实训室、 | 200 |
| 中国（长沙）跨境电商综试区人才孵化基地 | 图像处理室、直播间、校企合作办公区、电商大讲堂、跨境电商平台运营实训室、新媒体营销实训室、会客室、网店运营实训室 | 300 |

（3）技能比赛屡获佳绩

专业群教师指导学生参加“互联网+”大学生创业比赛获得国赛奖励5项（银奖1项铜奖4项）、黄炎培创业比赛国赛奖励1项，这两类比赛省赛一等奖7个，共计13项标志性成果。充分彰显出专业群培养创新创业人才的优势和能力，其中2016年毕业生胡越兴获得创业比赛奖励并短短3年经营企业年销售收入就突破5000万元。专业群教师近五年还获得教师职业能力竞赛省赛3个一等奖，指导学生获得技能比赛省赛6个一等奖。

（4）产业学院成为标杆

2017 年成立的京东·湘商学院已常态化运营 4 年多，京东集团捐助了 CRM、ERP、订单管理等培训课程包及相应的信息管理系统。专业群的大部分学生在该产业学院进行客户服务业务的学习（工作），每期 5 至 6 周。至 2022 年 1 月 5 日，已举办 34 期学习（工作），2600 余名学生参加学习（工作）。在该产业学院的生产性实训与办学成果已 4 次获得京东集团授予的奖励，被 10 家权威媒体报道，案例曾入选国家质量年报和湖南省质量年报。

（5）科研教研成果丰硕

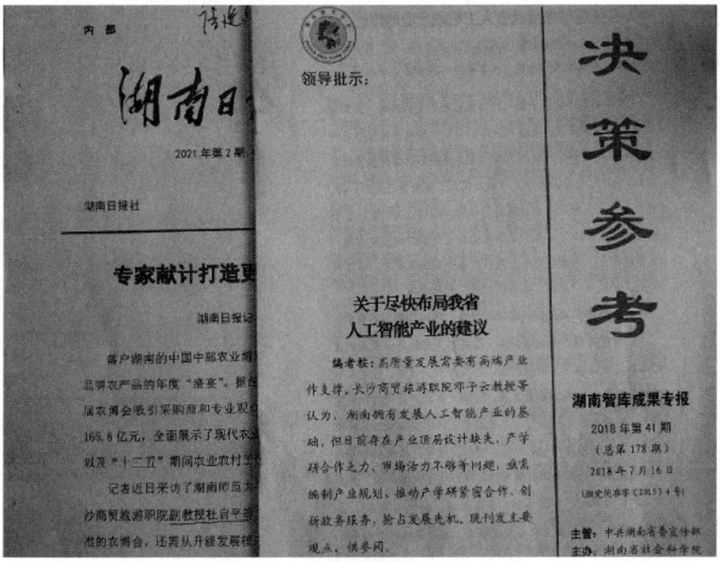


图 8　开展智库服务获批示

承担省级以上重大重点课题 8 项。近 5 年，电子商务专业群教师共承担教育部重点、教育部专项课题 3 项，省级重点、重大课题 5 项。电子商务专业群教师团队在新型职业农民培训研究、1+X 证书制度研究、大数据技术研究 3 个研究方向上已取得可喜成果，共发表 CSSCI 或人大全文复印期刊论文 8 篇、SCI 或 EI 收录的期刊论文 3 篇。

开展智库服务 3 次获得省领导批示。近 5 年，电子商务专业群教师取得的主要决策咨询成果如附表《电子商务专业群已获标志性成果》所示。电子商务专业群教师的研究报告曾 3 次获得省领导批示、3 次获得市领导批示、2 次刊发在中央统战部内参《零讯》、1 次刊发在《决策参考·湖南智库成果专报》。专业群教师在职业教育、前沿科技 2 个研究领域已经形成服务决策咨询的研究团队，探索出高职教育开展智库服务的新篇章。

（6）师资团队力量雄厚

高层次人才已具规模。电子商务专业群教师团队中有教授 4 人，副教授 15 人，博士 3 人，省普通高校教学名师 1 人（同为省 121 创新人才、省科技创新领军人才、省学科带头人、省黄炎培杰出教师），省级学科带头人（专业带头人）2 人，省级青年骨干教师 3 人；合作企业导师 5 人；专业教师高级职称教师比例为 50%，硕士以上学位教师比例为 100%，取得高级职业资格教师比例为 75%。

企业技术骨干在校授课。电子商务专业群设立特聘岗位，引进企业技术骨干、高技能人才来校任教，已选聘京东集团张坤、中教畅想总经理黄学全、咿呀商学院院长曹需根、湖南鲸鱼跨境电子商务有限公司总经理刘进军、未来无忧教育科技有限公司总经理邱智军等企业能工巧匠担任产业导师、兼职教师。京东集团、咿呀实业等企业常年有共计 6 至 8 名企业技术骨干在校授课，企业技术骨干年承担课时量超过 4600 个。

### 3. 面临的机遇和挑战

电子商务专业群面临着三项机遇和三项挑战：

（1）省市产业战略布局形成的发展机遇

强省会、三高四新等战略布局对电子商务（含跨境电子商务）、现代物流业提出了明确的发展战略，包括但不限于开放融通工程、国家综合物流枢纽等。长沙大批企业纷纷登录国内电商大平台和国际平台。电子商务专业群现有的合作企业伙伴及正在商谈合作事宜的众多企业都在进行高端业态的转型，需求大量面向产业高端业态的高职人才。电子商务专业群如果能精准对接电子商务（含跨境电子商务）的高端业态、稳步扩大合作企业的产教融合项目，将能持续实现高水平发展。

（2）高水平专业群建设提供的创新机遇

借湖南高水平专业群建设项目契机，电子商务专业群将能争取到湖南省教育厅、举办方长沙市人民政府、合作企业的协同支持。目前，在该项目的推动下，电子商务专业群已完成重构，形成了新的专业群结构。随项目再经过接下来的新一轮高水平发展阶段，将能稳定居于湖南省专业群的第一方阵。

（3）本单位高质量发展创建的改革机遇

近十年来，学校历经湖南省示范性高职院校、湖南省卓越高职院校、国家优质高等专科学校等阶段的高速发展。学校 2019 年申报国家“双高计划”专业群建设项目时，就已经将电子商务专业群作为备选的国家高水平专业群申报。首先，学校在国家“双高计划”项目中已布局系列电子商务专业群建设的项目；其次，如果在下一轮“双高”计划中学校能入选 2 个中国特色高水平专业群，电子商务专业群将会来更大的发展平台机遇。这些都是学校高速发展带来的重大发展平台机遇。

（4）产业和职业教育的国际化形成的挑战

根据对区域发展战略的分析和对长沙市电子商务、现代物流业的发展分析，面向东南亚、非洲扩大贸易合作是必然趋势。按“自贸区长沙片区合作到哪，我们的职业教育就办到哪”、服务本土企业上电商平台和上跨境平台等思路，电子商务专业群办学的国际化也是必然趋势。电子商务专业群的跨境电子商务专业虽已获批招收留学生资格，但国际教育才刚刚起步，后续还需积累办学经验。

（5）大数据与人工智能等新技术带来挑战

尽管电子商务专业群已经在师资团队中引进和配备有计算机专业背景的专职教师 8 名，实训室也装备有大量的实训软件，但在教育过程引入大数据和人工智能的应用场景还不多。随着高水平专业群的建设，实训室需要向智慧实训室转型，教师团队也需要向“电子商务 + 先进信息技术”转型。群内的高层次人才还应在前沿技术研究与应用上有更大的建树。

（6）突破产教融合体制机制瓶颈存在挑战

电子商务专业群历经四年多的产业学院和十余年的实训基地建设，虽然已积累丰富的产教融合实战资源和经验，但应对混合所有制改革、社会培训项目产品研发还存在一定的滞后，体制机制瓶颈仍未取得突破。这就需要专业群在学校即将出台政策的基础上，出台专业群自主的激励政策、机制运行办法等举措。

## （二）组群逻辑

### 1. 专业群与产业（链）的对应性

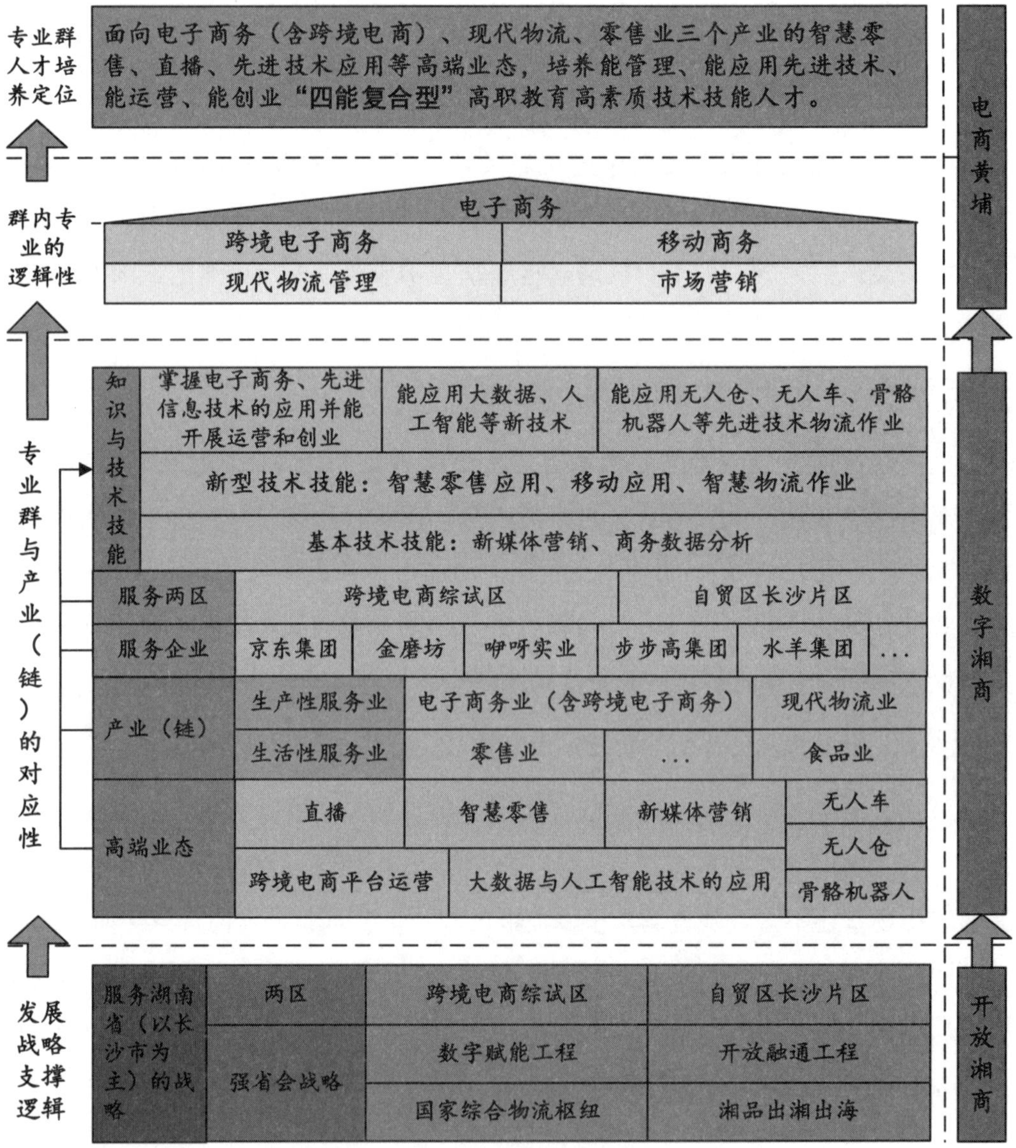


图9　组群逻辑图

以“立足长沙，服务‘三湘’，走向国际，树立品牌”为主线，面向电子商务业（含跨境电子商务）、现代物流业和零售业，服务强省会战略中的数字赋能工程、开放融通工程等战略，服务世界 500 强企业京东集团，长沙本土的金磨坊、咿呀实业、步步高集团、水羊集团等企业和两区（跨境电商综试区、自贸区长沙片区）发展，为构建深度产教融合体系而奉献高水平的电子商务专业群职教支撑力量，助力锻造“开放湘商、数字湘商”品牌。

2. 专业群内专业的逻辑性

按“1+4”的方式，电子商务专业群以电子商务专业为龙头，以移动商务、跨境电子商务专业为两翼，以市场营销、现代物流管理专业为共同技术技能培养支撑。

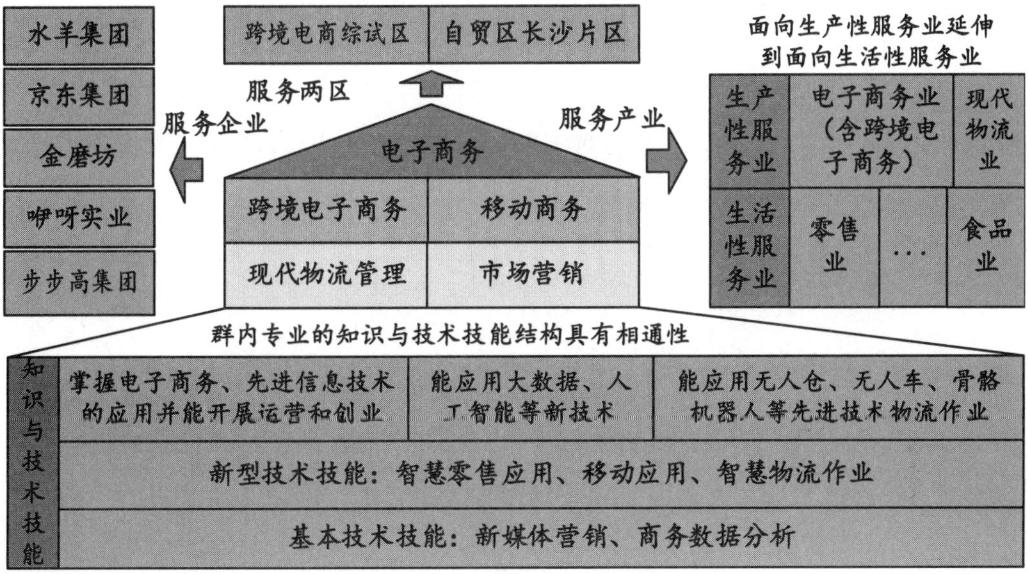


图 10 专业群内专业的逻辑性

从服务面向的产业和企业来看，专业群内专业以服务生产性服务业为主，延伸至服务长沙市的生活性服务业；主要面向电子商务业、现代服务业、零售业三个产业，并向其它生活性服务业延伸；对口服务京东集团、水羊集团、金磨坊、咿呀实业、步步高集团等企业。

从群内专业的知识与技术技能结构来看，专业群内专业具有相通性。专业群培养的人才需能应用大数据、人工智能等新技术；需逐步能应用无人仓、无人车、骨骼机器人等先进技术进行物流作业；需掌握电子商务、先进信息技术的应用并能开展运营。整合三个产业的新型高端职业人才知识和技能结构需求趋势，专业群将构建起智慧零售应用、移动应用、智慧物流作业等新型技术技能，新媒体营销、商务数据分析等基本技术技能的“五种技术技能”结构体系。

3. 专业群人才培养定位

专业群面向电子商务业（含跨境电子商务）、现代物流业、零售业三个产业的智慧零售、直播、新媒体营销、跨境电商平台运营、大数据与人工智能技术应用、无人车、无人仓、骨骼机器人等高端业态，培养能管理、能应用先进技术、能运营、能创业“四能复合型”高职教育高素质技术技能人才。

专业群的人才培养环节中将融入大数据、人工智能场景应用，承接职教服务“湘品出湘出海”任务，整合世界 500 强电商企业、本土知名企业合作资源，建设特色产业学院、协同创新中心等产教融合载体，发展职业教育的高端型态，全面转型向“引领产业发展”，抢占产业发展和职业教育发展的制高点，为学校“商界黄埔，经理摇篮”的美誉提供“电商黄埔”品牌。

## （三）建设目标

1. 总体建设目标

通过 2022 年至 2025 年四年建设时间，将电子商务专业群建设为服务强省会战略和三个产业（电子商务业、现代物流业、零售业）的深度产教融合、服务产业高端、影响国内外职教的“楚怡”高水平专业群，助力“开放湘商”、“数字湘商”品牌锻造，持续擦亮“电商黄埔”的人才培养品牌。专业群内所有专业达到职业教育本科办学标准，电子商务、市场营销两个专业举办职业教育本科。高水平的电子商务专业群建成后办学水平居于同类专业群全国前列、省内领先的位置，成为长沙市产教融合的孵化中心、电子商务先进信息技术应用的服务中心、企业职业人才的培养中心，成为服务区域高端产业和产业高端业态发展的排头兵，成为省内乃至全国高职院校专业群建设与管理的标杆。

2. 具体建设目标

（1）创新现代学徒制育人模式

“工学合一，‘双元’育人”现代学徒制育人模式在专业群全面推行，现代学徒制比例达到50%，获得省级以上教学成果奖或教育科学研究成果奖一等奖。专业群在校生规模达以2000人，其中职业教育本科生500人。毕业生对口就业率达到90%，用人单位满意度达到98%，本地就业率达到70%，创业率达到10%。指导学生获得创业比赛和技能比赛国赛奖励9项以上。

（2）建成模块化课程教学资源

校企合作建成与职业标准、X证书标准、技能大赛标准对接的“岗课赛证创”融通的模块化数字化课程教学资源。专业群累计建设24门数字化课程、5个工学合一课程包，累计立项建设至少4门省级及以上精品在线开放课程,1门国家精品在线开放课程。

（3）推进新型教材与教法改革

“三全育人”得到落实，打造出具有湘商特色的思政课程与课程思政相结合的育人体系。建成1个以上省级课程思政研究中心、2个以上省级优质职业教育教学标准。校企开发出19门以上智慧式教材或新型活页式、工作手册式教材。

（4）建成结构化教师创新团队

专业群教师普遍具有国际视野、掌握产业新技术、教学新方法。团队教师达到112人，新增2人以上入选省级以上高层次人才，博士达到17人，100%成为双师。

（5）建设高水平实践教学基地

按“一总部一产业学院一馆三基地”重构专业群的实践教学基地平台，新吸引至少3家知名企业入驻平台。建设期完成时年学生实践人数达到2000人次/年(含国际产业学院分院学生人数及留学生人数)。

（6）校企共建共享技术技能平台

依托教育部现代服务业应用技术协同创新中心开展协同攻关，建成新型直播中心。进校科研经费达到100万元/年。

（7）全面提升服务产业发展能力

累计服务中小微企业20家，社区2个、国际企业5家。年培训人次达到4000人次。

（8）努力拓展国际交流合作空间

与东南亚国家、非洲国家开展合作办学，设立电商国际产业学院分院，提供湘企湘品走出去、湘商文化国际交流、中资企业海外员工教育培训等多项服务。累计国际培训规模达到1500人次。

（9）完善项目建设各种保障措施

电子商务专业群的“专业群吹哨、部门报到”调度机制得以成熟并成为全省专业群建设管理的示范。筹措专业群建设经费2567万元，确保建设经费充足。

### （四）建设内容

1. 推进双元育人，创新现代学徒制培养模式

（1）目标与思路

传承湘商文化，逐步完善“工学合一、‘双元’育人”现代学徒制人才培养模式。将楚怡精神、湘商文化、湖湘工匠精神内化到人才培养过程。校企共同组成师傅团队实施现代学徒制，推行学分银行和“1+X”证书制度。对口帮扶农村培养农村电商人才。推进以职业能力为导向的学业评价制度和质量评价改革。至2025年，现代学徒制在校生人数达到1000人，比例超过50%；创新的人才培养模式获得省级教学成果奖一等奖；毕业生本地就业率达到70%，创业率达到10%。获得创新创业比赛国赛奖7项以上，技能比赛国赛奖励2项以上。

（2）任务与举措

1）传承湘商文化和湖湘工匠精神

挖掘楚怡精神和湖湘文化的内涵与融合点，研发出湘商文化和优秀本土企业文化教学专题,作为专业群所学专业大一时的共修专题。大一入学时组织“入湘礼”活动,集体朗诵已研发的《湘商辞》。将湘商文化融入大二的《创业基础》、大三的《创业实践》等课程，在 2024 年研发出有湘商特色的创业教材 1 本。每年举办“湘商文化进校园”活动，引进知名湘商企业家和校友创业者进校讲座不少于 10 次。每年校企共同举行“双 11”和“6.18”电商文化节活动。通过前述做法，逐步提振学生“经世致用、实事求是、兼容并蓄”的文化认同感和爱岗敬业、坚忍不拔的职业精神，培养具有“吃得苦、霸得蛮、耐得烦”特质的湖湘工匠，擦亮学校“商界黄埔”的名片。

2）实施“工学合一、‘双元’育人”人才培养模式

稳步推进现代学徒制人才培养模式。与合作企业京东集团、金磨坊等联合出台《电子商务专业群现代学徒制实施方案》。2022 年在电子商务、跨境电商专业招收现代学徒制班各 1 个，2023 年专业群的每个专业至少招收一个现代学徒制班。专业群团队与合作企业共同组建师傅团队，与现代学徒制班的学生结成师徒关系。现代学徒制学生自大二起每个学期至少一个月跟随师傅学习或工作，获得师傅团队评价认可后，由校企共同颁发学徒学习合格证书。将实施的现代学徒制人才培养模式凝练形成“工学合一、‘双元’育人”现代学徒制人才培养模式。至 2025 年，采用现代学徒制的班级比例和学生人数比例均超过 50%；创新的人才培养模式培育获得省级教学成果奖一等奖。

校企共同修订各项教学标准。在已积累产业学院和跨境电子商务人才孵化基地运营经验的基础上，校企共同制定基于现代学徒制的专业人才培养方案。按现代学徒制要求修订专业群共享平台课和各专业核心课的课程标准、考核标准，建立健全专业技能考核标准及题库。至 2025 年，建成电子商务、跨境电子商务等专业至少 2 个省级优质职业教育教学标准。

表 19 “工学合一、‘双元’育人”现代学徒制实施计划表

<table>
<tr><th>年度</th><th>班级</th><th>新增人数</th><th>在校生人数</th><th>合作企业</th></tr>
<tr><td>2022 年</td><td>电子商务、跨境电商共 2 个班</td><td>80 人</td><td>80 人</td><td>京东集团、水羊集团</td></tr>
<tr><td>2023 年</td><td rowspan="3">专业群所有专业每年新开设共 5 个班</td><td>200 人</td><td>280 人</td><td rowspan="3">京东集团、水羊集团、咿呀实业、金磨坊、步步高集团</td></tr>
<tr><td>2024 年</td><td>200 人</td><td>480 人</td></tr>
<tr><td>2025 年</td><td>200 人</td><td>1000 人</td></tr>
<tr><td colspan="2">合计</td><td>1080 人</td><td>1000 人</td><td></td></tr>
</table>

3）完善“岗课赛证”综合育人机制

每个专业至少对口引进一个 X 证书。制定和实施《电子商务专业群书证融通实施方案》，引进 X 证书标准和考核标准，建立“1+X”证书的管理与诊断制度。引进的 X 证书和专业对口关系如表 20 所示。推行学分银行制度，完善 X 证书与学分互换制度。课程教学实施“岗课赛证创”（具体内容见下节）为内涵支撑的协同育人教学体系，确保人才培养模式的高质量运行。建设期内，取得 X 证书的人数逐年增，至 2025 年毕业生获得 X 证书的比例达到 80%。

表 20 专业与 X 证书对应关系表

<table>
<tr><th>专业</th><th>已有 X 证书试点</th><th>新引进 X 证书</th></tr>
<tr><td>电子商务</td><td rowspan="3">网店运营与推广<br>商务数据分析<br>直播电商<br>跨境电子商务多平台运营</td><td rowspan="5">拟新引进“京东客户服务”证书、长沙市人社局、中国（长沙）跨境电商线综试区联合研发的“跨境电子商务”专项技能证书</td></tr>
<tr><td>移动商务</td></tr>
<tr><td>跨境电子商务</td></tr>
<tr><td>市场营销</td><td>数字营销</td></tr>
<tr><td>现代物流管理</td><td>物流管理</td></tr>
</table>

4）对口培养农村电商人才

对接乡村振兴战略，对口支持学校扶贫点浏阳市苏故村及其他 1–2 家乡村，与长沙市乡村振兴局合作，探索定制化农村电商人才培养新模式。为对口帮扶的乡镇、农村培养掌握农产品电商直播、网店运营、跨境销售等技术技能的人才，支持当地乡村旅游、油菜、花猪等农产品开展线上销售。至 2025 年，对口人才培养学历教育达到 30 人 / 年，技术技能培训达到 100 人 / 年。

5）推行以职业能力为导向的学业评价制度

实行全过程动态评价机制。在专业群推行学生德智体美劳全面发展的评价办法，开展学生思想品德和职业道德评价。建立校企协同的全过程动态跟踪评价，实行人才培养前、中、后三阶段多元协同评价机制。入学前做好职业取向和职业基础摸底，入学后做好职业能力双元一体评价，毕业后实行企业、学校、社会和家庭多元跟踪评价。

实现创业和高水平就业。以教育部批准的供需对接就业实习育人项目为载体，将生产性实训项目引至人才培养过程，以创业项目为抓手，强化学生创业能力培养。建设期内电商学生创业获得国赛银奖以上 2 次，省内创业比赛一等奖 3 次以上；学生授权专利至少 5 项，至少 2 项成果得以转化；专业学生对口就业率达到 90%，用人单位满意度达到 98%，本地就业率达到 70%，就业起薪点达 4200 元以上，社会影响力和认可度达进一步提高。

严把毕业考核关。2022 年起校企共同修订毕业标准，完善毕业设计考核办法，实行毕业设计作品或方案的奖励评价制度，获得一等奖的作为优秀毕业生的 KPI，在校园官网展示，适时进行宣传报道。专业群专业在省技能抽查和毕业设计抽查获得优秀等级。

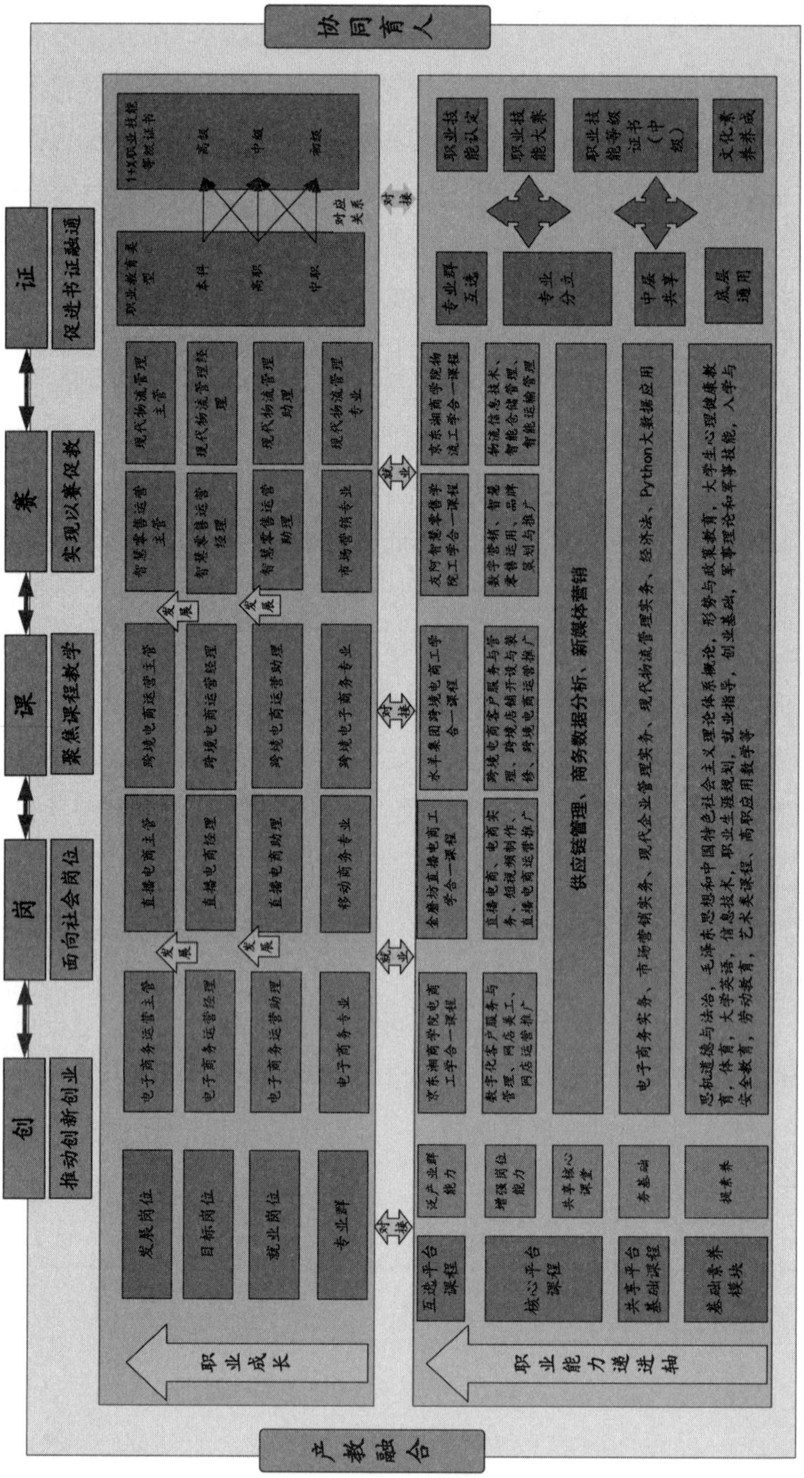


图 11 “育训结合、德技并修、创新创业，岗课赛证创融通”的模块化课程体系

6）指导学生参加各类比赛

建设期内专业群教师指导学生获得黄炎培创业比赛、“互联网 +”创新创业大赛、“挑战杯”竞赛省赛一等奖 10 项以上，国赛奖项 7 项以上。指导学生参加职业院校技能竞赛，获得省赛一等奖 8 项以上，国赛奖励 2 项以上。

2. 对接产业高端，建成模块化课程教学资源

（1）目标与思路

面向岗位，构建起“育训结合、德技并修、创新创业，岗课赛证创融通”的模块化课程体系，校企共同建设专业群教学资源库。应用互联网、人工智能、大数据技术，开发包括职业标准、课程标准、实训案例、微课、慕课等内容的优质数字化教学资源。专业群累计建设 24 门数字化课程、5 个工学合一课程包，累计立项建设至少 4 门省级及以上精品在线开放课程 ,1 门国家精品在线开放课程。

（2）任务与举措

1）构建模块化课程体系

在“互联网 +”背景下，持续开展专业群职业岗位、典型工作任务和职业能力分析，校企合作建成“育训结合、德技并修、创新创业，岗课赛证创融通”的模块化课程体系，如图 21 所示。

开发共享基础平台课程模块。电子商务专业群平台课包括公共基础课和专业共享课程。公共基础课为思想道德与法治，毛泽东思想和中国特色社会主义理论体系概论，形势与政策教育，大学生心理健康教育，大学体育，大学英语，信息技术，职业生涯规划，就业指导，创业基础，军事理论和军事技能，入学与安全教育，劳动教育，艺术类课程、高职应用数学等 15 门课程。与京东集团等企业合作开发专业群共享专业课程电子商务实务、市场营销实务、企业管理、物流管理实务、经济法、Python 大数据应用，主要培养学生具备岗位基本操作与信息化技术运用技能。

开发核心课程模块。运用基于工作过程导向的课程开发理论，重新构建以工作过程为导向的专业群模块化课程体系。与京东集团等企业合作开发供应链管理、

商务数据分析、新媒体营销3门专业群共享核心课程；根据专业群五个专业所涉及的技术产业特点、区域经济优势、职业岗位及学生就业创业需要，开设不同的专业核心（方向）课程和实践专项，培养学生的专业理论及核心职业技能。

开发专业互选平台课程模块，即“工学合一课程包”。紧密结合专业群岗位综合实践能力，与企业共同开发企业文化、职业素养、专业能力的课程包，培养学生的创造性思维、实践能力、创新创业能力。

适时开展本科职业教育。计划由电子商务、市场营销2个专业相继举办本科职业教育，专业群所有专业达到本科职业教育办学标准。根据图11改进并形成本科职业教育人才培养方案，本科本办学规模计划如表21所示。至2025年，本科职业教育在校生规模达到500人。

表21　本科职业教育办学计划表

| 年度 | 新增本科专业 | 新增招生人数（所有专业） | 在校生人数（所有专业） | 说明 |
|---|---|---|---|---|
| 2022年 | 无 | 0人 | 0人 | 编制电子商务本科专业人才培养方案并申办本科专业。 |
| 2023年 | 电子商务 | 50人 | 50人 | 编制市场营销本科专业人才培养方案并申办本科专业。 |
| 2024年 | 市场营销 | 150人 | 250人 | 新增人数中，市场营销专业50人，电子商务专业100人。 |
| 2025年 | 无 | 250人 | 500人 | 新增人数中，市场营销专业100人，电子商务专业150人。 |

2）融合先进技术设计课程内容

校企合作共同设计符合职业教育特点及电子商务专业群行业新发展和新常态需要的课程内容，引进企业真实项目，融入商务数据分析、数字营销、智慧物流、智慧零售等领域的新技术、新方法，实现职业标准与专业教学标准、课程标准的联动开发，及时将电子商务领域专业技术的新变化引入课堂，使专业群课程体系和课程内容始终保持先进性、实用性。

3）研发专业群教学资源库

联合京东集团、步步高集团、水羊集团等企业及国内双高院校共同建设电子商务专业群教学资源库。以国家级、省级精品在线开放共享课程建设标准为参照点，校企合作建设数字化课程资源（课程标准、职业标准、岗位标准、教学设计、教材、教学视频、微课、慕课、相关技能标准、试题库等），充分实现资源共享。鼓励教师积极申报省级以上的精品在线开放课程，累计立项建设至少 6 门省级及以上精品在线开放课程，每年成功立项 1 门以上，在 2023 年完成共享平台课程数字资源建设任务和共享核心课数字资源建设任务，如表 22 和 23 所示，在 2024 年完成专业方向课程数字资源建设任务，如表 24 所示，在 2025 年完成工学合一课程包数字资源建设任务，如表 25 所示。

表 22　专业群共享平台课数字化课程资源建设计划表

| 课程名称 | 建设内容 | 完成时间 | 合作企业 |
|---|---|---|---|
| 电子商务实务 | 课程标准、考核标准、电子讲稿、讲义、素材、项目案例、题库、教学视频、微课视频 | 2023 年 | 京东集团 |
| 市场营销实务 | | 2023 年 | 步步高集团 |
| 企业管理 | | 2023 年 | 金磨坊公司 |
| 物流管理实务 | | 2023 年 | 京东集团 |
| 经济法 | | 2023 年 | 步步高集团 |
| Python 大数据应用 | | 2023 年 | 水羊集团 |

表 23　专业群共享核心课数字化课程资源建设计划表

<table>
<tr><th>课程名称</th><th>建设内容</th><th>完成时间</th><th>合作企业</th></tr>
<tr><td>供应链管理</td><td rowspan="3">课程标准、考核标准、电子讲稿、讲义、素材、项目案例、题库、教学视频、微课视频</td><td>2023 年</td><td>京东集团</td></tr>
<tr><td>商务数据分析</td><td>2023 年</td><td>水羊集团</td></tr>
<tr><td>新媒体营销</td><td>2023 年</td><td>步步高集团</td></tr>
</table>

表 24　专业群专业方向核心课数字化课程资源建设计划表

<table>
<tr><th>专业</th><th>课程</th><th>建设内容</th><th>完成时间</th><th>合作企业</th></tr>
<tr><td rowspan="3">电子商务</td><td>数字化客户服务与管理</td><td rowspan="15">课程标准、考核标准、电子讲稿、素材、项目案例、题库、专业单项技能标准、教学视频、微课视频</td><td>2024 年</td><td>京东集团</td></tr>
<tr><td>网店美工</td><td>2024 年</td><td>京东集团</td></tr>
<tr><td>网店运营推广</td><td>2024 年</td><td>京东集团</td></tr>
<tr><td rowspan="3">移动商务</td><td>直播电商实务</td><td>2024 年</td><td>金磨坊</td></tr>
<tr><td>短视频制作</td><td>2024 年</td><td>金磨坊</td></tr>
<tr><td>直播电商运营推广</td><td>2024 年</td><td>金磨坊</td></tr>
<tr><td rowspan="3">跨境电子商务</td><td>跨境客户服务与管理</td><td>2024 年</td><td>水羊集团</td></tr>
<tr><td>跨境店铺开设与装修</td><td>2024 年</td><td>水羊集团</td></tr>
<tr><td>跨境电商运营推广</td><td>2024 年</td><td>水羊集团</td></tr>
<tr><td rowspan="3">市场营销</td><td>数字营销</td><td>2024 年</td><td>步步高集团</td></tr>
<tr><td>智慧零售应用</td><td>2024 年</td><td>步步高集团</td></tr>
<tr><td>品牌策划与推广</td><td>2024 年</td><td>步步高集团</td></tr>
<tr><td rowspan="3">现代物流管理</td><td>物流信息技术</td><td>2024 年</td><td>京东集团</td></tr>
<tr><td>智能仓储管理</td><td>2024 年</td><td>京东集团</td></tr>
<tr><td>智能运输管理</td><td>2024 年</td><td>京东集团</td></tr>
</table>

表 25　工学合一课程包数字化资源建设计划表

| 资源名称 | 建设内容 | 完成时间 | 合作企业 |
|---|---|---|---|
| 京东湘商学院电商工学合一课程 | 企业文化、岗位技能、企业真实训练项目、员工培训课程等数字化资源 | 2025 年 | 京东集团 |
| 金磨坊直播电商工学合一课程 | | 2025 年 | 金磨坊 |
| 水羊集团跨境电商工学合一课程 | | 2025 年 | 水羊集团 |
| 步步高智慧零售学院工学合一课程 | | 2025 年 | 步步高集团 |
| 京东湘商学院物流工学合一课程 | | 2025 年 | 京东集团 |

3. 落实三全育人，推进新型教材与教法改革

（1）目标与思路

落实“三全育人”工作要求，课程融入职业理想与职业道德教育，打造具有湘商特色的思政课程与课程思政相结合的育人体系。每年校企合作更新各类标准。基于“岗赛课证融通”模块化课程体系，校企合作开发的智慧式教材或新型活页式、工作手册式教材。推进教法改革，依托知名课程平台，实现开放式 MOOC 互动教学。建立健全教授上课和传帮带制度，引入双导师（企业师傅 + 学校教师）分工协作的模块化教学模式，提高课堂教学效益。2022 年至 2025 年，有 3 门以上核心课程建成网络直播公开课；开发 19 门以上专业课程的智慧式教材或新型活页式、工作手册式教材；建设 1 个以上省级课程思政研究中心、2 门以上省级课程思政示范课程，专业群教师团队获得 1 个以上省级课程思政教学能力比赛一等奖，培育 1 名以上网络教学名师。

（2）任务与举措

1）实现思政课程与课程思政结合育人

落实“三全育人”工作要求，课程融入“雷锋式职业人”“湖湘工匠”职业理想与职业道德教育，建好课程思政教学研究中心，实施思政课教师与专业课教师“手拉手”集体备课制度。从教师课程思政能力、课程思政资源建设、教学方法改革创新、体制机制建设等方面系统推进课程思政建设。实施劳动教育与实习实训、创新创业、志愿服务、社会实践紧密结合，实施“劳动周 + 课堂育人三分钟 + 劳动教育一分钟”的思政与劳动教育新模式。培育和传承工匠精神，融入人才培养全过程。2022年至2025年，建设1个以上省级课程思政研究中心、2门以上省级课程思政示范课程，专业群教师团队获得1个以上省级课程思政教学能力比赛一等奖。

2）校企合作动态更新各类标准

校企合作，面向产业，分析典型岗位职业能力，结合X标准和技能大赛标准，每年动态更新专业教学标准、课程标准、实习实训标准、质量评价标准。建成电子商务、跨境电子商务、移动商务等专业至少2个省级优质职业教育教学标准。

3）开发活页式和工作手册式教材

基于“岗课赛证融通”模块化课程体系，在分析典型岗位及技术技能要求的基础上，将技能竞赛涉及知识点、技能点以职业技能等级证书的考核内容、考核要求融入教材内容中，开发19门以上专业课程的校企“双元”合作开发的新型活页式教材和工作手册式教材。

表26 “岗赛课证融通”教材建设

<table>
<tr><th>教材名称</th><th>1+X证书</th><th>合作企业</th></tr>
<tr><td>数字化客户服务与管理</td><td rowspan="3">网店运营推广</td><td rowspan="3">京东集团、步步高集团</td></tr>
<tr><td>网店美工</td></tr>
<tr><td>网店运营推广</td></tr>
</table>

续表

| 教材名称 | 1+X 证书 | 合作企业 |
| --- | --- | --- |
| 直播电商实务 | 直播电商 | 金磨坊 |
| 短视频制作 | | |
| 直播电商运营推广 | | |
| 跨境客户服务与管理 | 跨境电子商务多平台运营 | 水羊集团 |
| 跨境店铺开设与装修 | | |
| 跨境电商运营推广 | | |
| 数字营销 | 数字营销技术应用 | 步步高集团 |
| 智慧零售应用 | | |
| 品牌策划与推广 | | |
| 物流信息技术 | 物流管理 | 京东集团 |
| 智能仓储管理 | | |
| 智能运输管理 | | |
| 商务数据分析 | 电子商务数据分析 | 水羊集团 |

表 27　“现代学徒制”工作手册式教材建设

| 教材名称 | 合作企业 |
| --- | --- |
| 京东湘商学院电商工学合一课程 | 京东集团 |
| 金磨坊直播电商工学合一课程 | 金磨坊 |
| 水羊集团跨境电商工学合一课程 | 水羊集团 |

续表

| 教材名称 | 合作企业 |
|---|---|
| 步步高智慧零售学院工学合一课程 | 步步高集团 |
| 京东湘商学院物流工学合一课程 | 京东集团 |

4）推进教法改革以提升课堂效益

利用信息技术实行课堂革命。如表31所示，借助VR技术辅助教育的知识传授，建设VR智慧教室。5G时代的VR教室将以云VR+便携终端为基础，实现工作场景与教学场景的合二为一。开设6门MOOC互动式教学课程、6门VR云化智能课堂、5门双语教学课程和3门网络直播公开课。

表28　电子商务专业群教法改革课程一览表

<table>
<tr><th>专业名称</th><th>MOOC互动式教学</th><th>VR云化智能课堂</th><th>双语教学</th><th>网络直播公开课</th></tr>
<tr><td rowspan="2">电子商务</td><td rowspan="2">商务数据分析</td><td>网店美工</td><td rowspan="2">电子商务实务</td><td rowspan="4">商务数据分析</td></tr>
<tr><td>网店运营推广</td></tr>
<tr><td>移动商务</td><td>直播电商运营推广</td><td>直播电商实务</td><td>企业管理实务</td></tr>
<tr><td>跨境电子商务</td><td>跨境电商运营推广</td><td>跨境客户服务与管理</td><td>经济法</td></tr>
<tr><td>现代物流管理</td><td>供应链管理</td><td>智能仓储管理</td><td>现代物流管理实务</td><td>供应链管理</td></tr>
<tr><td rowspan="2">市场营销</td><td>品牌策划与推广</td><td rowspan="2">智慧零售应用</td><td rowspan="2">市场营销实务</td><td rowspan="2">新媒体营销</td></tr>
<tr><td>数字营销</td></tr>
</table>

设计和实施个性化教学方案。依托中国MOOC、爱课程网、智慧职教等平台，

探索部分课程的双语教学模式。建立新型人工智能课堂，利用大数据抓取学习者课前课后学习数据，进行有针对性的学情分析及个性化教学方案设计。

实施教授传帮带制度。在电子商务专业群教师团队中建立教授上课制度和教师师徒制，师徒签订协议并共同推动课堂革命，以学生为中心提升课堂教学效益，培育 1 名以上网络教学名师。在专业教师中为专业群每个班级配备一名专业导师。专业群所有班级实现小班化探索教学，班级人数均控制在 30 人左右，不超过 40 人。

### 4. 加大引培力度，建成结构化教师教学创新团队

（1）目标与思路

通过实施系列党建项目、活动强化师德师风建设。依据各专业建设发展需要，编制方案和计划，引进、培养高层次领军人才。建立健全教师考核机制，充实骨干教师队伍，创建一支高水平双师教师教学创新团队。建设期内，培养 1 名省级技能能手或黄炎培职业教育杰出教师，1 名教师入选芙蓉或“楚怡”教学名师，1 名教师入选国家高层次人才特殊支持计划。博士学历占 15%；再入选 1 个省级专业教学团队或“楚怡”教师创新团队，入选 1 个国家级职业教育教师创新团队，成为省内一流的教师教学创新团队。

（2）任务与举措

1）开展师德师风建设

党支部建专业上，发挥党支部书记“双带头”（既是党建带头人，又是专业带头人）的模范先锋作用。对群内全体专兼职教师按“四有”标准严格要求，举办德师风讲座不少于 2 次 / 年，开展魅力教师、师德标兵、育人楷模等师德典型评选活动，促进教师思素修养水平不断提高。按照学校《师德师风考核长效考核机制》，实行师德师风问题“一票否决”制。将专业群教学团队建成湖南省党建标杆院系，1 个专业支部建成湖南省高校党建样板支部。1 名教师获评为优秀共产党员、先进党务工作者或党员示范岗。

2）引进和培养高层次人才

精准分析电子商务专业群发展需要，创新高层次人才引进培养机制。出台《电

子商务专业群高层次人才队伍建设实施方案》，制定《电子商务专业群高层次人才引进培养计划》，引进专业群内产教融合领军人才 1 名、产业导师 1 名、博士 14 名，通过导师指导、培训提升，培养 5 名专业带头人并晋升副高及以上职称。完善高层次人才绩效考核制度，以实绩论功过，探索推行高层次人才年薪制。2022 年 -2025 年，群内有 1 名省级技能能手或黄炎培职业教育杰出教师，1 名教师入选芙蓉或“楚怡”教学名师，1 名教师入选国家高层次人才特殊支持计划；群内每个专业 1-2 名正高职称专任教师，本科层次专业师资的博士生占 20%。

3）提升骨干教师教学能力

推进大师名师工作室建设项目。专业群建立京东集团客服、水羊集团跨境电商等 5 个大师名师工作室。要求每位教师参与大师名师工作室项目，实施师徒帮扶计划。校企双向互动、互兼互聘培养专业群专兼教师队伍，择优培养 5 名双语跨境电商专业教师。1 个大师工作室获评“楚怡”名师大师工作室，获得一个“楚怡工坊”认定。面向“一带一路”和“中非合作先行区”合作项目开展教学、科研、社会服务工作。聘请 10 名能工巧匠、30 名企业技术能手，充实兼职教师队伍，承担 35% 教学课时量。

开发职业标准和课程。校企协同参与“1+X”网店运营等职业技能证书标准开发、考证及培训工作，提高教师实践技能，建立健全双师教师认定标准，双师教师比例达 100%；每年招聘专任教师，扩充专兼教师队伍，使生师比例控制在 18:1 以内。引进和培养 20 名中青年骨干教师，秉承“楚怡”精神，承担课程模块教学任务，校企共同开发新媒体营销等专业群核心课程。

开展教师职业能力竞赛。经验丰富的教师指导中青年教师或带队参加教学能力和课程思政等各类各级教学竞赛，获得省赛一等奖不少于 1 项，国赛奖项 1 项。至少有 1 个专业教学团队再入选省级教学团队或“楚怡”教师教学创新团队，1 个团队入选国家职业教育教师教学创新团队或全国高校黄大年式教师团队。

4）健全教师考核与激励机制

全面总结各项考核评价机制运行情况，总结分析专业群教师成长规律，针对教师层次、教育教学项目的差异，建立有企业和学校双元考核评价办法，对于认定的名师大师由企业和学校分别给予奖励。对获得国家奖项的技术能手，职称予以优先晋升，探索有突出贡献的特殊人才破格晋升通道。制定奖励办法与实施细则，重点奖励获得国家级教育教学成果教师的个人及专业教学团队。

5. 深化产教融合，建成高水平实践教学基地

（1）目标与思路

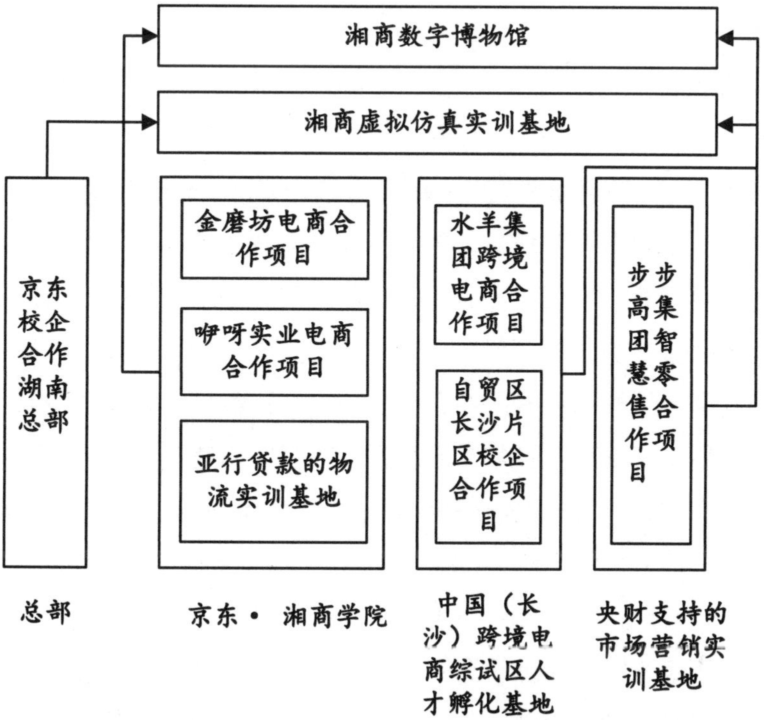


图 12　电子商务专业群的实践教学基地

紧跟电商产业最新业态变化和模式创新的形式，对现有实训室进行重新规划、提质改造，整合专业群合作企业及校内外已有实训基地资源，按照“一总部一产业学院一馆三基地”的实践教学体系布局，如图 12 所示。实践教学基地融实践教学、技能竞赛、员工培训、产品研发、技术服务、创新创业等多功能于一体。至 2025 年，在实践教学基地学习和工作人数达到 2000 人次 / 年（含国际产业学院分院学生人数及留学生人数），其中职业教育本科生 500 人；建成湘商数字博物馆 1 个，立项省级虚拟仿真实训基地 1 个（湘商虚拟仿真实训基地）；每年增加 300 万元投入用于新建和完善实践教学条件。

（2）任务与举措

1）拓展现有实践教学基地功能

在原有与京东集团取得良好合作的基础上，按“数字湘商、湘品出湘、智慧零售”三大定位，新开展以下工作：

全面发挥总部职能。依托已有的京东校企合作湖南总部，起到引领作用，自2023 年起，每年在省内其它中、高职院校至少建立一家分基地推行专业群人才培养模式。至 2025 年，“工学合一，‘双元’育人”模式的实践教学总办学规模达到1500 人次 / 年。

孵化实践新项目。稳定运营现已有的客服服务项目，积极孵化“三湘特色馆”项目，承接“湘品出湘出海”任务，将湖南的本土特色产品，如食品、湘绣等推向省内及国际。继续孵化网店美创设计、共享空间等创新创业项目。研发出创新创业工学合一课程包，接收学生滚动开展学习（工作）不低于 100 人 / 年。

提升合作层次。将校内已有的亚行贷款现代物流实训基地整合进京东 • 湘商学院，融入京东集团先进物流技术与创新创业项目，引进京东无人车、无人仓项目，协助京东集团在长沙建立无人仓，建立无人车、骨骼机器人培训与应用实训室，开展学生滚动学习（工作）不低于 150 人 / 年，社会培训不少于 240 人 / 年，开展社会技术服务不低于 5 次 / 年。京东 •湘商学院成为湖南省示范性产业学院。同时，深化与咿呀实业微商、抖音营销等项目的运营合作，自 2022 年开始计划每年有 10名企业兼职教师来校工作，带领学生在产业学院班组进行交替轮岗；面向智慧零售岗位发展，在抖音直播营销、季节营销等合作开发课程 2 门以上。1 个实训基地获评省级高水平专业化产教融合实训基地。

2）引进校企合作项目

引进金磨坊电商合作项目。计划该项目入驻京东 • 湘商学院。借助金磨坊大力发展电商业务的机会，合作在校开展电商业务，提供学生实践岗位和实践项目，在京东、阿里、拼多多等平台营销金磨坊的食品产品，推行学生校内校外滚动开展学习（工作）不低于 200 人次 / 年。

引进步步高集团智慧零售合作项目。计划该项目入驻专业群的市场营销实训基地。每年有 5 名企业兼职和学校的专职教师在基地长期工作，带领学生在超市管理、商品采购、售后服务、线上销售等班组进行校内校外交替轮岗，接收学生滚动开展学习（工作）不低于 100 人 / 年。

引进水羊集团跨境电商合作项目。计划该项目入驻校内的跨境电商人才孵化基地。服务水羊集团跨境电商业态发展，带领学生在跨境电商方面提供学生滚动开展学习（工作）不低于 80 人 / 年实习或工作。

引进自贸区长沙片区校企合作项目。计划该项目入驻校内的跨境电商人才孵化基地。助力自贸区长沙片区发展，合作开展对非经贸事务和业务，将合作项目带进基地，开展与片区企业的人才培养、项目招商、会展、线上销售、直播、客服等业务，开展社会技术服务和决策咨询不少于 20 次。

3）建成湘商数字博物馆和虚拟仿真实训基地

建成湘商数字博物馆。在已研发和应用《湘商辞》的基础上，凝练电商人才培养成果，借鉴其他院校经验，建成湘商数字博物馆。收集合作企业、湘商代表人物和典型企业、校企合作成果进行线上推广，全方位 VR 体验，研究、展示和传播湘商历史文化。

建成湘商虚拟仿真实训基地。利用学校智慧校园建设契机，新建一套实训室智能管理系统，所有校内实训室通过智能管理系统实施管理。在已有京东实训平台、亚马逊和速卖通实训软件的基础上，引进合作企业生产用信息系统，导入沙盘资源，形成适合专业群使用的湘商虚拟仿真实训平台。综合前述多平台和软件资源，建设期内立项为省级虚拟仿真实训基地，争取国家级虚拟仿真实训平台立项。

完善智慧教学设施。在专业群所有实训基地引入物联网和 5G 技术，新建智慧教室 2 间、直播教室 2 间，10 间实训室完成智慧化改造，形成物理空间与网络空间一体化的教学环境和虚实结合的智慧学习环境。推动师生使用学校智能学习空间和学习体验中心，应用学校信息系统推动教师教学教研教改、学生学习普遍使用大数据诊断、资源推送和学习辅导等功能。

### 6. 校企协同创新，共建专业群技术技能平台

（1）目标与思路

依托教育部现代服务业应用技术协同创新中心加强协同攻关，实施电商服务

企业项目，实施服务师生计划，开展科研成果评价。建立新型直播中心提升学生技术技能。指导学生参加创业比赛和技能比赛。至 2025 年，专业群年度进校科研经费达到 100 万元 / 年，服务中小微企业 20 家以上。

（2）任务与举措

1）开展校企协同创新

依托已获批的教育部现代服务业应用技术协同创新中心重点开展以下工作：

加强协同攻关。邀请湖南大学、京东集团、水羊集团等及兄弟高职院校加盟协同创新中心，在电子商务大数据研发方向上进行协同攻关。在省内电子商务专业群之间形成“教研联盟”，开展电子商务职业教育本科、教材与教法改革等方面的研究与实践。

实施服务企业项目。每年为中小微企业在人才培养、培训工作上提供服务，在网站设计、网页制作、网络营销、电商直播等方面提供技术指导。累计服务 20 家中小微企业。

实施服务师生计划。师生参与真实项目开发和企业技术服务与攻关，共同服务中小微企业 10 以上家，协助企业产品创新、品牌提升、智能化改造、市场拓展、客户体验优化与提升等 10 项以上。

开展科研成果评价。推动师生以教育教学、企业生产实际问题作为研究主要内容，实施以创新成果质量和贡献导向的专业群教师科研成果评价机制。

2）建立新型直播中心

校企共建新型直播中心,开展直播技能训练。将“直播”引入教学,让“直播带货”成为电子商务专业群必备技能。与企业联合开展网店推广、网店直播、跨境电子商务进出口实务、跨境电子商务推广为主要的训练和竞赛，全面考察学生的数据分析能力、视觉营销能力、网络营销能力、网店运营能力、商品整合能力以及团队合作能力。在与企业直播 PK 中，重点培养学生电子商务推广、人工智能技术应用、互联网数据采集、搜索引擎和推荐引擎应用、数字货币应用等方面的技术技能。在新型直播中心，学生和教师都能看到直观的量化效果。

7. 对接三高四新，全面提升专业群服务能力

（1）目标与思路

为自贸区长沙片区、跨境电商综试区、开放融通工程等战略而服务电商企业和中资国际企业，提供人才、技术研发、员工培训服务。设立电商创业讲堂和电商创新中心，举办活动提升学生创新创业能力。定制化开展对外电商支持援助行动，助力乡村振兴。依托湘商研究所为电商产业发展、职业教育提供智库服务。2022 年至 2025 年，校企共建职工培训基地 3 个，培训人次达到 4000 人次 / 年，大学生创业团队总收入达到 500 万元 / 年，研发出电子商务产业发展报告 3 本，获得国家级职业教育研究课题至少 1 项。

（2）任务与举措

1）输送高素质技术技能人才

服务企业培养人才。重点对接长沙电商产业园区、自贸区长沙片区入驻企业和在非中资企业，培养直播带货、新媒体营销、客服、小程序开发等高素质技术技能人才。建立与前述企业的日常联系互访机制，不断拓展就业新空间，巩固并扩展重点单位数据库，建立用人单位需求台账。建设期内提供 3000 个以上高素质技术技能人才供给，有 60 名以上的毕业生走上企业中高级管理岗位或技术岗位。专业群毕业生就业率、本省就业率、本市就业率分别达 98%、80%、60% 以上，对口就业率达 90% 以上；毕业生在高端产业和产业高端企业就业率达到 50% 以上，在世界 500 强及大型知名企业的就业比例达 10% 以上；毕业生薪酬高于国内同类同层次专业毕业生的平均水平，毕业生创业比例达到 10%。

设立电商创业讲堂。培养 10 名电子商务专业群创新创业导师，由这些专业教师一并承担创业课程并带领学生开展创业项目、参加创业比赛、指导社会实践。专业群聘任的产业导师、企业兼职教师进入电商创业讲堂为专业群学生开展电商创业讲座，每年达到 10 次以上。至少 2 名教师入选省级创新创业指导老师。

设立电商创客中心。为响应国家创新创业号召，支持和鼓励大学生创新创业，培养大学生创新思维和创业技能，学校在现有实训场所建立电商创客中心，2024 年认定为湖南省“众创空间”（含星创天地）。建设期引入电商创业团队 10 至 15 个，

免费提供办公场地设备和相关的服务，支持有条件的团队注册公司实体，创办企业。引入大学生创业型新公司10-20家，实现年销售收入500万元以上。

2）提升科技转化水平

着力服务自贸区长沙片区重点行业和支柱中小微企业，提供电子商务新零售、跨境电商和物流供应链等领域的运营服务。每年为5家传统中小微生产企业和进出口贸易企业提供贸易转型的孵化服务，用研发的大数据分析产品为企业实现电商交易额提升；开展电商618、双11、品牌塑造、供应链流程优化等纵横向项目。参与企业项目，融入研发团队，联合开展产品研发和技术攻关，利用专业知识解决企业难题。促进中小微企业技术创新和提质改造，与企业建立长期合作关系的专业课教师达到50%，知识产权转让8项，科研成果转化率20%以上。

3）做大做强社会培训

开展培训服务项目。紧密对接深度产教融合的京东集团、水羊集团等合作企业及长沙市电商产业及智慧零售开展培训服务。推动紧密合作企业在校设立培训工作机构，在产业学院、实训基地中设立培训工作组，来校共同实施企业员工培训项目。至2025年，年培训规模达到4000人次，其中培训企业员工达到3000人次/年（含国际培训），进城务工人员和农村富余劳动力的职业培训600人次/年、零售行业高端人才400人次/年。

开展支持援助行动。开展“电子商务进农村”的农产品电子商务品牌塑造、平台运营和技术支持等孵化服务，孵化农产品特色基地1个。通过学校乡村振兴研究中心，帮扶浏阳苏姑村农特产品销售，赋能乡村振兴。持续帮扶湘藏疆3所职业院校的电子商务专业群对口专业。

打造电商社区服务品牌。对学校所在社区居民免费开放校园场地，提供学习场所，每年开展免费专业咨询服务达500人次以上；为长沙市社区开展电商、营销和物流等文化方面培训，年培训量达到500人次以上；对社会学习者开放网络课程资源共享，用户数达到1000人以上。打造出至少2个培训服务品牌，如“社区直播达人”“星城电商沙龙”等。

4）做好职教智库服务

提供产业发展智库服务。继续建好湘商研究所，确立数字营销、智慧电商和智能物流 3 个重点研究方向，建设技术研究和智库团队。聚焦技术技能人才培养和产业发展需求，深入开展市场调研，研究电商、物流、市场营销发展的前沿技术和信息；研究产业政策变化和产业文化发展，定期发布产业人才需求与供给信息；定期举办市级或省级电商会议，进行相关产业政策、最新法律法规及标准的宣传解读会；举办学术高峰论坛等，实现产业信息互通共享；按年度编制电子商务产业发展研究咨询报告。建设期内完成年度产业发展研究报告 3 项以上；完成行业规范、地方标准 3 个以上；立项各级各类科研课题 50 项以上；开展“跨境电商”沙龙 5 期以上，拍摄致敬电商人、我和大师学直播、网页美工、电商业界精英访谈类视频 10 个以上。

提供职业教育智库服务。积极推荐研究人员加入楚怡职业教育智库。积极组织开展职业教育本科、产业学院、专业变迁大数据等职业教育难点、热点问题研究。获得职业教育研究省级课题 10 项以上，国家级课题 1 项以上，研究报告获得省级党政内参刊发至少 2 次，获得省领导批示至少 2 次。

### 8. 助力湘企出海，打造国际交流与合作品牌

（1）目标与思路

加强与“一带一路”沿线国家合作，设立电商国际产业学院分院。从电商领军人才境外培训、服务湘企湘品走出去、商业文化交流、海外员工教育培训等多方面探索合作，输出职业技能和人才培养标准。为跨境企业和跨境项目提供员工培训和人才输送服务。实施电商领军人才境外培训计划。2022 年至 2025 年，国际化培训服务总规模达到 1500 人次，其中企业员工培训总规模达到 300 人次；助推 30 家湘企出海；培养 8 名业务精湛、具有国际视野的专业群骨干教师和领军人才。

（2）任务与举措

1）开展涉外教育培训

建设 1 所集职业培训、科技服务、文化交流等功能于一体的海外“电商国际

产业学院分院”。与“一带一路”沿线国家的职业院校建立互访机制，依托国家援外政策，开展援外培训，与湖南省跨境电子商务协会、金磨坊、水羊集团紧密合作共建“电子商务海外培训基地”，共同研究电商国际通用标准，制定跨境电商通关标准，涉外课程教师双语教学标准制定。承接在湘企业“电商运营”培训和以“跨境电商客户开发”为主体的电商技术援助培训。培训企业海外人员 100 人次 / 年。与步步高集团、京东海外事业部等合作，开展海外就业订单班人才培养，推动“湘品出湘”，为电商企业国际化发展提供人才支持。至 2025 年，国际培训规模达到 300 人次 / 年。

2）引进优质职教资源

依托学校国际合作交流中心，引进海外高层次人才 2–3 名来校开展教学和学术交流，促进师资队伍结构的多元化和国际化；与新加坡、马来西亚等 3 个左右国（境）外院校建立友好合作、共同开发课程体系、教学资源，共建专业、实训基地和合作开发课程。将专业群核心专业的课程，如《电子商务实务》、《网络营销》《跨境电商通关实务》《新媒体营销》等课程标准推广给泰国、越南、老挝等发展中国家的职业院校。自 2023 年起招收东南亚国家留学生。组织专业群教师参与中非跨境产品海外仓的运营，组织学生参与中国—东盟技能大赛等国际性赛项，国际大赛获奖 1 次以上。

3）实施领军人才境外培训计划

依据学校领军人才培养计划，与国际高水平职业教育机构开展教育交流、技能培训，联合开展学术研究、教学标准研制和互访交流。在建设期内安排 4 批次专业群带头人和骨干教师到境外培训。积极参加中非经贸论坛职教论坛和中国——东盟教育交流周，在论坛中发言推介专业群办学经验，在教育交流周上展示专业群教育发展成果，贡献职业教育的中国智慧。

# 附录
# 2020年度长沙市电商大事记

1.2月24日，长沙市发布《关于支持外经贸企业抗击新型冠状病毒肺炎疫情共渡难关的若干政策措施》，共计推出13条措施来推动进出口稳定增长，促进外贸转型升级和高质量发展。

2.3月12日至16日，为缓解疫情期间销售困难，“芒果扶贫云超市”直播平台在浏阳官渡小镇正式上线并开展直播销售，当天卖出6278件农产品，销售额51.49万元。

3.4月28日，第二届“双品网购节”湖南地区启动暨湖南直播电商联盟成立仪式在长沙市高新区管委会国际商务平台举行，省商务厅、省工信厅、省扶贫办、长沙市商务局、长沙高新区管委会等部门领导出席，协会及荣誉会长单位快乐购、湖南电商公共服务平台、阿里巴巴、抖音、美团、拼多多、苏宁、湖南邮政、中国建设银行湖南分行、创领电商、友阿云商、竞网、思洋互联网等近三十家单位参加。

4.5月10日至12日，为期三天的第四届中国品牌日活动举行。此次中国品牌日活动通过互联网平台在云上开展，湖南省在云上2020年中国自主品牌博览会设立湖南馆，以“锦绣潇湘”为主题，设置“秀丽山川”“湘食以酒”“锦织小康”“惟楚有材”等七大版块。83家湖南品牌企业“云集”湖南馆，以VR虚拟展厅形式全方位展示自主品牌的发展成果。

5.6 月 15 日，第 127 届广交会在“云端”盛大开幕，328 家湘企集体上线“云亮相”。来自全球的参展商和采购商将从“面对面沟通”变为“屏对屏交流”。本届网上广交会湖南外贸企业为世界各国采购商带来了日用陶瓷、工具、机械设备、汽车配件、电子电器、照明、箱包、鞋类、纺织服装、食品、玩具等多种特色优势“湘品”,并结合网上展会特点,拍摄充分反映湖湘文化和企业产品特色的宣传片，通过 3D、VR 等多种技术，进一步优化参展商品展示效果、提高参展质效，让采购商“身临其境”欣赏“湘品”之美。本届广交会还为所有参展企业提供了 24 小时直播营销服务平台，长沙市多家电商企业参展企业全天候开展针对性直播工作，更好与采购商进行互动。

6.7 月 17 日，真湘好物市集湘品出湘公益直播周启动仪式在长沙马栏山众创园举办，长沙各参与企业希望通过这场电商直播盛宴，打通生产、流通、消费链条中的难点和堵点，在原产地和消费市场之间架起一座桥梁，将更多“养在深闺人未识”的“真湘好物”推介给全国人民，推动湖南优质农特产品走向更广阔的市场、获得更广泛的认同。

7.7 月 26 日至 10 月 31 日,长沙市“夏季有礼·秋天有韵”长沙消费季——首届“夜星城”消费节活动,长沙电商协会积极联动,御家汇、快乐购、兴盛优选、苏宁易购、友阿云商、西子电商等重点企业牵头，松桂坊、卓牧乳业、入味新零售、华天云服等会员共同参与。御泥坊七夕“因为御见你”、八月“面膜品类日”“泥浆体验日”等节日主题促销；快乐购“风味湖南大礼包”“丰收节”,友阿“BSS 天团直播带货”“我与直播有个约会”等系列专题促销活动的开展,线上线下联动促销,推动“互联网 +”新兴消费市场发展，促进消费升级，为长沙夜间经济发展赋能，24 小时不打烊夜经济成就“网红”长沙

8.8 月 6 日，湖南省商务厅召开湖南跨境电商 B2B 试点政策学习交流会，会上总结从发展现状和未来趋势来看，跨境电商 B2B 业务实际占比较大，是国家重点支持发展的方向。海关总署于 2020 年 6 月 12 日正式启动了跨境电商 B2B 出口监管试点，增设了 9710、9810 两个监管方式代码。

9.8 月 14 日,阿里巴巴 2020 全球速卖通出海战略推介会在长沙举行,推介会上，全球速卖通政府事务总监蔡晓辉分享了对疫情下全球数字经济机遇的解读，分析了 2020 年跨境电商发展趋势。供应链运营专家宋溪舟和物流运营专家陈涛分析了

海外仓优势，解读了 2020 海外仓商品扶持政策，并对 2020 海外仓入驻指引进行了详细解读。

10.9 月 1 日凌晨，长沙黄花综保区、金霞保税物流中心跨境电商 B2B 出口正式启动，首批出口货物总货值 41 万美元，标志着跨境电商 B2B 9710、9810 出口新政分别在长沙黄花综保区和金霞保税物流中心顺利落地实施。至此，湖南跨境电商出口业务全模式在长沙综试区试通，具备完整的跨境电商业务通道，湖南跨境电商业务迎来全新的提档升级。

11.9 月 4 日，由阿里巴巴集团与湖南省商务厅联合主办的“湘品网上行”湖南大食品产业带融网对接活动在长沙举行，近 200 家食品类企业代表参加。该活动将促进湖南省食品及农产品生产加工、流通企业数字化转型升级，助力国内大循环畅通和省内产业集聚发展。

12.9 月 24 日上午，中国（湖南）自由贸易试验区揭牌仪式暨建设动员大会在长沙举行。

13.12 月 3 日上午，“数字跨境金霞领航”跨境电商第三城启动仪式在长沙市开福区举行，活动现场集中发布了《开福区“十四五”跨境电商发展纲要》《开福区“十四五”跨境电商发展五年行动方案》《开福区“十四五”跨境电商专项发展产业扶植奖励办法》。

14.12 月 25 日，中非直播电商孵化中心暨芒果公共直播基地启动仪式正式举行，该基地由湖南广播电视台公共频道、湖南高桥大市场、湖南大声传媒三方联合打造，未来将依托中非经贸深度合作先行区，整合湖南广播电视台明星网红、内容制作以及高桥大市场供应链体系等各方优质资源，打造一站式直播电商服务平台。

# 参考文献


[1] 薛靖东．电商巨头抢滩新零售 [J]. 中国经济信息 ,2017(15):72-73.

[2] 黄瑛，王建坤．新零售时代运营商实体营业厅智慧运营模式探索 [J]. 通信企业管理 ,2017(06):34-37.

[3] 王灵芝．农村电商开启湖南县域经济“快进键”[J]. 新湘评论 ,2017(07):52-54.

[4] 杜睿云，蒋侃．新零售：内涵、发展动因与关键问题 [J]. 价格理论与实践 ,2017(02):139-141.

[5] 沈裕谋．湖南跨境电子商务现状与发展对策分析——以金霞保税物流中心为例 [J]. 湖南行政学院学报 ,2017(02):44-50.

[6] 梁达．电商成为农村经济增长新动力 [J]. 金融与经济 ,2017(02):84-87.

[7] 严先溥．电子商务有效激活农村经济 [J]. 北京财贸职业学院学报 ,2017,33(01):5-9.

[8] 梁达．农村电商异军突起　有效激活农村经济 [J]. 农业工程技术 ,2017,37(03):67-70.

[9] 肖前辉．湖南移动互联网产业创新发展面临的挑战及对策研究 [D]. 湖南师范大学 ,2016.

[10] 刘芳男．锋芒毕麓创新之谷 -- 长沙高新区率先打造科技创新五千亿级高新园区 [J]. 中国高新区 ,2016(19):51-57.

[11] 马丽．“互联网+”背景下农村电子商务发展现状及对策研究[J]. 经济论坛，2016(11):93-94.

[12] 姚慧．台州偏远地区农村电子商务服务探微[J]. 合作经济与科技,2016(21):94-95.

[13] 孙柳．跨境电商的营销模式研究[J]. 现代营销(下旬刊),2016(06):82-83.

[14] 顾士刚．徐州市农村电子商务发展的现状问题和对策研究[J]. 农村经济与科技,2016,27(11):80-82.

[15] 左玉洁．蒙东城市群电子商务发展的SWOT分析[J]. 赤峰学院学报(自然科学版),2016,32(11):162-164.

[16] 廖美琳．关于推进电子商务发展助力郴州经济腾飞的思考[N]. 郴州日报,2016-04-05(005).

[17] 崔彦君．中国跨境电子商务发展现状、对策及趋势[J]. 内蒙古科技与经济,2016(01):6-8.

[18] 赵秋霞．“互联网+”背景下跨境电子商务探析[J]. 科技风，2015(24):258-259.

[19] 王妍．跨境电子商务贸易中政府作用的研究[D]. 苏州大学,2015.

[20] 张芳．超市零售企业2经营模式分析[J]. 商业经济,2015(06):89-90.

[21] 翟春英．中国跨境电子商务市场路径的研究[J]. 商场现代化,2015(12):50-52.

[22] 昕月．谁掌握跨境电商的分寸[J]. 商业文化,2015(11):49-57.

[23] 何妍．电子商务环境下企业发展[J]. 中小企业管理与科技(上旬刊),2015(04):3.

[24] 李东晓．电子商务环境下的品牌战略研究[J]. 品牌(下半月),2014(11):24.

[25] 李向阳．促进跨境电子商务物流发展的路径[J]. 中国流通经济,2014,28(10):107-112.

[26] 陈红玉．移动互联网的高速发展及商业模式变革[J]. 当代经济,2014(15):54-55.

[28] 牛倩倩，陆秋琴．我国电子商务信任问题及现有信任模型研究[J]. 商业时代,2014(04):69-71.

[29] 王玉玲，刘欣怡，张芳菲“互联网+”背景下现代农业的销售模式研究[J].

商业经济，2020(1):139-140，168.

[30] 王武军 . 中国移动互联网产业发展与区域实践 [J]. 传媒 ,2013(07):22-24.

[31] 李超 . 基于联接键理论的农村物流信息平台构建研究 [D]. 长安大学 ,2013.

[32] 戎一多 . 汪氏蜂蜜品牌形象提升策略的研究 [D]. 江西财经大学 ,2020

[33] 王昆鹏 . 论跨境电子商务网上争议解决 [D]. 郑州大学 ,2012.

[34] 江勇 . 上海发展移动互联网产业的分析与思考 [J]. 软件产业与工程 ,2012(02):25-28.

[35] 汕头：创建中打好示范城市的基础 [J]. 中国科技投资，2012(06):38-43.

[36] 杜娟 . 电子商务语境中的中小城市发展 [J]. 现代经济信息 ,2012(04):91.

[37] 唐宜英 . 浅议我国农村电子商务发展及对策 [J]. 考试周刊 ,2012(08):113-114.

[38] 王武军 .《中国移动互联网产业地图白皮书（2011)》发布　南北呼应西部崛起格局初步形成 [J]. 中国科技产业，2011(09):86.

[39] 戴川 . 中国电子商务品牌诚信建设现状与对策 [J]. 商场现代化 ,2011(20):84.

[40] 李文龙 , 李玲 , 陈峰 . 珠三角电子商务及其人才培养模式的调查与分析 [J]. 全国商情 ( 理论研究 ),2010(20):8-9.

[41] 吴彦 . 全球电子商务呈高增长态势，深化应用是长远之策 [N]. 通信信息报 ,2010-07-21(A15).

[42] 杨英梅 . 基于工作过程的电子商务专业课程体系的设计 [J]. 中国成人教育 ,2010(13):191-192.

[43] Liu, Fang. The Cllabrative Develpment Mdel f Crss-brder E-cmmerce Based n cean Transprtatin[J]. Jurnal f Castal Research, 2020 Supplement, (112):231-233.

[44] 卢文雯 , 林季红 . 中国与东盟跨境电商合作研究 [J]. 亚太经济 ,2021(5):12-20.

[45] 舒畅 . 双循环新发展格局下我国跨境电商与跨境物流协同发展研究 [J]. 党政研究 ,2021(2):121-128.

[46] 付帅帅 , 陈伟达 , 王丹丹 . 跨境电商物流供应链协同发展研究 [J]. 东北大学学报 : 社会科学版 , 2021(1):52-60.

[47] 张洪胜 , 张小龙 . 跨境电商平台促进全球普惠贸易 : 理论机制、典型事实和政策建议 [J]. 国际商务研究 ,2021(4):74-86.

[48] 吴敏 , 邹莉 . 中俄跨境电商创新发展路径——基于电商发展异质性视角 [J].

商业经济研究 ,2021(6):142-145.

[49] Wang, Yujia. Bttleneck and Cuntermeasures f Crss-Brder E-Cmmerce Enterprises in Castal Cities with Applicatin f Big Data Technlgy[J].Jurnal f Castal Research , 2020 Special issue,(103):705-708.

[50] 张燕 , 申美娟 , 孙静 . 贸易便捷化对跨境电商企业出口的影响 [J]. 商业经济研究 , 2021(5):151-154.

[51] 田青 , 李桂娥 . 跨境电商物流联盟模式运作的优化路径探讨 [J]. 价格月刊 ,202(6):88-94.

[52] 陈劲松,窦志慧,徐大佑 . 供给侧视角下"农产品上行"电商渠道模式研究[ J ] 商业经济研究，2018(14):123-126.

[53] 黄梦思，孙剑，陈新宇. "农业龙头企业 + 农户"模式中治理机制 [J]. 华中农业大学学报（社会科学版），2018(4):81-88，169-170.

[54] 吉勇 . 蜂蜜的食用价值与行业发展 [J]. 食品安全导刊 ,2020(24):41-42.

**图书在版编目（CIP）数据**

2021年长沙市电子商务业发展报告 / 邓子云主编.
-- 湘潭 : 湘潭大学出版社, 2022.8
ISBN 978-7-5687-0893-7

Ⅰ. ①2… Ⅱ. ①邓… Ⅲ. ①电子商务—产业发展—研究报告—长沙—2021 Ⅳ. ①F724.6

中国版本图书馆CIP数据核字（2022）第181269号

**2021年长沙市电子商务业发展报告**

2021NIAN CHANGSHASHI DIANZISHANGWUYE FAZHAN BAOGAO

**邓子云 主编**

**责任编辑：** 刘 丹
**封面设计：** 谈振威
**出版发行：** 湘潭大学出版社
**社　　址：** 湖南省湘潭大学工程训练大楼
**电　　话：** 0731-58298960 0731-58298966（传真）
**邮　　编：** 411105
**网　　址：** http://press.xtu.edu.cn/
**印　　刷：** 长沙鸿和印务有限公司
**经　　销：** 湖南省新华书店
**开　　本：** 787 mm×1092 mm 1/16
**印　　张：** 12.5
**字　　数：** 210千字
**版　　次：** 2022年8月第1版
**印　　次：** 2022年8月第1次印刷
**书　　号：** ISBN 978-7-5687-0893-7
**定　　价：** 40.00元